De que lado você está?

Guilherme Boulos

De que lado você está?

Reflexões sobre a conjuntura política e urbana no Brasil

Copyright desta edição © Boitempo Editorial, 2015
Copyright © Guilherme Boulos, 2015

Direção editorial Ivana Jinkings
Edição Isabella Marcatti
Coordenação de produção Livia Campos
Revisão Thaisa Burani
Diagramação Antonio Kehl
Capa Ronaldo Alves
Ilustração no verso da capa Rafa Campos

Equipe da Boitempo
Allan Jones, Ana Yumi Kajiki, Artur Renzo, Eduardo Marques, Elaine Ramos,
Frederico Indiani, Heleni Andrade, Isabella Barboza, Isabella Marcatti, Ivam Oliveira, Kim Doria,
Marlene Baptista, Maurício Barbosa, Renato Soares, Thaís Barros e Tulio Candiotto

---

CIP-BRASIL. CATALOGAÇÃO-NA-FONTE
SINDICATO NACIONAL DOS EDITORES DE LIVROS, RJ

B777q
    Boulos, Guilherme
    De que lado você está? : reflexões sobre a conjuntura política
e urbana no Brasil / Guilherme Boulos. - 1. ed. - São Paulo :
Boitempo, 2015.

    ISBN 978-85-7559-440-7

    1. Ciências sociais. 2. Movimentos sociais. 3. Participação
política. 4. Participação social. 5. Identidade social. I. Título.

15-22108   CDD: 301
                                         CDU: 316

É vedada a reprodução de qualquer parte deste livro sem a expressa autorização da editora.

1ª edição: maio de 2015; 1ª reimpressão: junho de 2017;
2ª reimpressão: outubro de 2020; 3ª reimpressão: dezembro de 2020

BOITEMPO
Jinkings Editores Associados Ltda.
Rua Pereira Leite, 373
05442-000 São Paulo SP
Tel.: (11) 3875-7250 / 3872-6869
editor@boitempoeditorial.com.br | www.boitempoeditorial.com.br
www.blogdaboitempo.com.br | www.facebook.com/boitempo
www.twitter.com/editoraboitempo | www.youtube.com/tvboitempo

Sumário

Apresentação 9

Barril de pólvora 15
    Receita para acabar com as ocupações 17
    A batalha do Plano Diretor 20
    Os Brics e os sem-teto 23
    A Copa das tropas 26
    Cara, eu ganho. Coroa, você perde! 28
    Menos 612 31
    Quem são mesmo os invasores? 34
    Existe fascismo em São Paulo 36
    Sampa e a barbárie 39
    Revolta da água 41
    O Rio de Janeiro continua lindo? 44
    63 dias de luta 47
    Indicar Kassab é brincar com fogo 50
    Quando, como e onde? 53
    Os donos do transporte em São Paulo 56
    Gota d'água 58
    Cidade de loucos 60

Estopins 63
    Plínio e as Reformas de Base 65
    A Palestina apagada do mapa 68

Corruptos e corruptores 71
O neoliberalismo saiu do armário 74
Quem tem medo do general? 77
Eles venceram outra vez 79
Onda conservadora 82
Massacre midiático 85
O terceiro turno 88
Os donos do Brasil em cana. E depois? 91
Sugestões para o ministério de Dilma 94
Robin Hood às avessas 97
2015: ano de agitações 100
Dilma, Vargas e o Zepelim 102
99 contra 1 105
A quem interessa o *impeachment*? 107
Cesare Battisti e o *homo sacer* 110
Onde estavam? 112
Sobre o 15 de março 114
Querem acabar com a CLT 117
A saída é pela esquerda 119

Artilharia 121
Reinaldo Azevedo e a direita delirante 123
Gilmar Mendes e o bolivarianismo 126
Natal sem hipocrisia 129
Diálogo com comentadores de internet 131
A cara de pau de Eduardo Cunha 133
O pensamento coxinha 136
Onde o capitalismo deu certo? 138

Posfácio – Guilherme Boulos, primeiras impressões, *André Singer* 141

A Maria Ivete e Marcos, com imensa gratidão

Apresentação

Este livro reúne 42 artigos publicados entre junho de 2014 e abril de 2015*. A eles juntaram-se três textos inéditos. É uma obra de intervenção, que propõe saídas à esquerda para os desafios que a explosiva conjuntura brasileira atual nos oferece.

Não pretende criar consensos, e sim tomar partido no dissenso. Aliás, talvez o maior erro de uma certa esquerda no Brasil tenha sido apostar na estratégia política do consenso. Em nome dela, trabalhou para amortecer os grandes enfrentamentos da sociedade brasileira e deixou dar cria o ovo da serpente, que soltou o veneno tão logo a maré virou.

Os artigos foram organizados em três partes. A primeira, "Barril de pólvora", trata da questão urbana e seus conflitos: moradia, transporte, água, violência policial e os movimentos sociais de resistência. A segunda, "Estopins", dedica-se aos temas da conjuntura política: a crise do PT, o clima de polarização social e o avanço conservador. E a terceira, "Artilharia", reúne artigos de confronto com figuras como Reinaldo Azevedo, Gilmar Mendes e Eduardo Cunha, mas também com a hipocrisia do pensamento de direita que ganha força atualmente.

Se falar de barril de pólvora, estopins e artilharia pode soar normal nos dias de hoje é porque vivemos um momento de conflagração, de crise de modelo. Essa crise é o fio-condutor que perpassa os artigos aqui reunidos.

---

* Os artigos foram originalmente publicados na coluna semanal do autor no site do jornal *Folha de S.Paulo*. A data da publicação original encontra-se, entre colchetes, ao final de cada texto. Para esta edição, foram feitas alterações pontuais, tendo em vista, sobretudo, a adaptação ao formato livro, e acrescidas algumas notas de rodapé. (N. E.)

Os governos petistas apostaram numa estratégia de indução do crescimento econômico, sem traumas ou rupturas, para o fortalecimento do capitalismo brasileiro com ascensão social dos mais pobres. A expansão do crédito público foi seu carro-chefe. Do lado do capital, foi complementada por uma política de subsídios e isenções fiscais e por investimentos diretos organizados no PAC. Do lado do trabalhador, somou-se ao aumento progressivo do salário mínimo, à ampliação do emprego e à transferência direta de renda por meio do programa Bolsa Família.

Estimulava-se, assim, a produção e o consumo, alimentando o ciclo do crescimento. E, segundo o receituário petista, isso deveria ser feito sem conflitos maiores com o rentismo financeiro, ou seja, mantendo o superávit primário, as metas de inflação, câmbio sobrevalorizado e os juros em patamares internacionalmente elevados.

Foi o famoso pacto social ou "consensão". A política do governo garantiria os interesses dos trabalhadores, do capital produtivo e do setor financeiro, sem operar nenhuma guinada nem mexer nas estruturas da sociedade brasileira. Foi o modelo do ganha-ganha: todos ganham e ninguém perde.

Isso funcionou, ainda que com distorções, enquanto a situação da economia mundial estava favorável ao Brasil. A demanda acelerada de *commodities* pela China e o preço do petróleo nas alturas (combinado com a descoberta de petróleo na camada pré-sal) estimularam o crescimento e geraram expectativas grandiosas para a economia do país. A economia brasileira viveu um ciclo de crescimento e o governo Lula chegou a ter índices de popularidade superiores a 80%.

O estouro da crise em 2008 reverteu esse cenário. A China começou a desacelerar e a buscar matérias-primas em outras partes. O preço das *commodities* sofreu expressiva retração, como no caso do minério de ferro, que chegou a US$ 200 em 2008 está hoje abaixo dos US$ 50 a tonelada. A maré virou.

A média de crescimento anual nos oito anos de Lula, até 2010, foi de 4%. Já entre 2011 e 2014, nos primeiros quatro anos de Dilma, foi de 2,1%, a metade. A presidenta pegou uma conjuntura internacional bem mais desfavorável aos produtos brasileiros.

Com o declínio da economia, declinou o consenso. O que havia permitido ao Estado sustentar o modelo do ganha-ganha foi uma margem expressiva para o investimento público. Na medida em que não realizou mudanças na estrutura econômica, o PT limitou-se a manejos no orçamento. Isso depende da arrecadação, que, por sua vez, está condicionada ao crescimento.

Assim, o enfraquecimento do consenso petista foi se expressando progressivamente. Tivemos um sinal relevante já em 2012, quando o número de greves bateu um recorde histórico, apesar da ainda elevada popularidade do governo. Em 2013 iniciam-se mobilizações de rua, que destamparam um caldeirão de insatisfações.

Após junho de 2013, o apoio social ao governo teve uma queda abrupta e nunca mais foi recuperado por completo. E daí em diante as forças sociais passaram a se mobilizar com mais intensidade e frequência.

A novidade, a partir de 2014, foi a mobilização massiva de setores médios urbanos contra o governo. A classe média aderiu em peso ao antipetismo, completando o divórcio que havia se iniciado em 2005, com o "Mensalão".

A queda de popularidade do governo produziu efeitos para além das ruas. A base de sustentação parlamentar de Dilma implodiu, colocando em xeque o pacto de governabilidade do PT com os partidos tradicionais.

Na economia, nas ruas e no Congresso o esgotamento do modelo de conciliação do ganha-ganha – definido por André Singer como "lulismo"[1] – ficou evidente. Estopins, um após outro, foram conflagrando a crise que temos hoje diante de nós.

Permitam, no entanto, uma ponderação: o problema do modelo petista não foi apenas o fato de ele ter se esgotado. Mesmo em seu auge, tinha limites estruturais e distorções que relativizaram a ascensão social dos mais pobres.

O mito de que o crescimento econômico conduz necessariamente a avanços sociais ainda tem algum prestígio entre a esquerda. Na verdade, via de regra, o crescimento capitalista está associado ao aprofundamento da concentração de renda, porque a apropriação do excedente é sempre desigual. Ganhos absolutos podem vir acompanhados de perdas relativas.

Além disso, o crescimento da economia de mercado traz consigo efeitos colaterais perversos – do ponto de vista social e ambiental –, sobretudo quando a regulação pública é débil ou não existe.

O maior exemplo desses efeitos no caso do ciclo de crescimento petista foi a dinâmica urbana. As cidades brasileiras sintetizaram as contradições do modelo e os limites do ganha-ganha. Os conflitos urbanos forçaram entrada na agenda política.

Nunca antes o setor da construção e o mercado imobiliário receberam tantos investimentos no Brasil. Os últimos dez anos, a partir de 2005, poderiam ser chamados, sem exagero, de a década do capital imobiliário.

Em 2005, o montante total de crédito para construção e financiamento imobiliário no país era de R$ 4,8 bilhões. Em 2014 foi para R$ 102 bilhões. Isso mesmo, crescimento de mais de 2.000% em dez anos.

---

[1] André Singer, *Os sentidos do lulismo* (São Paulo, Companhia das Letras, 2012).

Impulsionadas pelo crédito e pelos investimentos públicos, as cidades passaram por grandes mutações. Milhares de prédios e condomínios residenciais brotaram na paisagem urbana, junto a obras viárias e de infraestrutura.

Evidentemente a popularização do crédito e a viabilização de obras públicas de mobilidade e saneamento são avanços sociais. Porém, na medida em que o processo não foi acompanhado de regulação pública do mercado imobiliário, acabou por produzir fortes efeitos excludentes.

Os investimentos urbanos alimentaram uma especulação imobiliária feroz. Num passe de mágica, a terra converteu-se em ouro. O valor do metro quadrado cresceu, entre 2008 e 2015, 220% em São Paulo e 265% no Rio de Janeiro. Outras metrópoles do país tiveram índices semelhantes.

O resultado desse surto especulativo foi a expulsão dos mais pobres para regiões ainda mais periféricas. Além do aumento dos despejos e do custo de vida nos bairros centrais – motivados pelos novos empreendimentos –, o fator de exclusão poderoso foi a alta no valor dos aluguéis: 100% em São Paulo e 140% no Rio, no período indicado.

O que o Bolsa Família e o aumento salarial deram, o rentismo do aluguel tomou.

O aluguel esganou o orçamento doméstico e forçou milhares de famílias trabalhadoras a mudarem-se para bairros mais baratos e distantes. Com isso, piorou não só as condições de moradia dessas famílias, mas também o acesso a serviços públicos e a mobilidade. Se a vida não estava tão boa em Itaquera, pior ainda no fundão de Guaianazes.

As metrópoles brasileiras tornaram-se, nos últimos anos, verdadeiras máquinas de produção de novos sem-teto. Mesmo com o Minha Casa Minha Vida, o maior programa de habitação popular da história do país, o déficit habitacional aumentou, por conta da explosão no valor do aluguel.

Os investimentos públicos e privados terminaram por aprofundar um modelo de cidade segregador. Ricos e classe média no centro e pobres jogados em periferias mais e mais afastadas. Muros reais e simbólicos, marcando a intolerância das elites em conviver no mesmo espaço que os desvalidos. Intolerância que degenera em fascismo e política oficial de controle militar das periferias.

As cidades tornaram-se barris de pólvora, prestes a explodir. O consenso por aqui sempre teve mais fissuras, com a insistência da luta de classes em emergir. Não foi por acaso que as mobilizações de junho de 2013 estouraram a partir da fagulha da mobilidade urbana, um dos mais explosivos elementos desse barril.

Assim como não foi acaso que os piores índices eleitorais de Dilma em 2014 tenham se dado nos maiores centros urbanos.

Portanto, o impasse do modelo petista não se deu apenas por razões exógenas – conjuntura econômica desfavorável –, mas também por razões endógenas. Os artigos da primeira parte deste livro tratam especialmente da crise urbana como uma dessas razões.

Nesse sentido, é o caso de mencionar também uma espécie de "crise geracional", associada intimamente ao espírito conciliador do modelo petista. Lula tem razão quando diz que quem aprende a comer filé não quer mais comer acém. De fato, a melhora nas condições de consumo estabelece um novo patamar e coloca novas exigências.

Mas isso poderia ser canalizado para um movimento de fortalecimento do processo de mudanças não fosse o elemento despolitizador do modelo. Ao escamotear os conflitos políticos e sociais para preservar o pacto, o petismo contribuiu para a despolitização da sociedade. Ao manter intocado o monopólio midiático nas mãos de uma elite, em nome desse pacto, permitiu passivamente que essa mesma elite formatasse a seu modo o discurso da insatisfação.

Uma ascensão social pelo consumo cria consumidores, que pensam com a cabeça de consumidores. O discurso individualista e meritocrático, que abomina a solidariedade, não é nenhum intruso aí. Por isso, não surpreende tanto assim o forte discurso antipetista entre beneficiários do ProUni, diagnosticado durante a campanha de 2014. A estratégia da conciliação foi despolitizadora e bloqueou a criação de uma base social duradoura de defesa do projeto.

Ao contrário, ao fortalecer o discurso de que não há entraves para a ascensão social no Brasil e de que as desigualdades estruturais foram superadas, deu asas para o ataque a programas sociais e à mobilização popular, o que foi muito bem aproveitado pela direita brasileira.

O modelo petista baseou-se em três grandes pilares: no crescimento econômico como fator de base para o ganha-ganha; na governabilidade conservadora, para assegurar apoio político das forças mais atrasadas; e na pacificação das mobilizações sociais, como resultado do pacto. Nenhuma dessas três condições mantém-se firme atualmente. A economia passa por um momento ruim, tendendo a entrar em período recessivo. A governabilidade implodiu, como resultado da perda de sustentação social do governo. E essa perda de sustentação se expressa nas ruas em mobilizações amplas e polarização política.

O modelo não se sustenta mais.

O drama é que, não sem responsabilidade do próprio petismo, o que se fortalece é a alternativa de uma saída à direita, negando aquilo que o modelo petista teve de progressivo socialmente e aprofundando seus elementos regressivos.

A classe média urbana dá base a uma onda conservadora, que está sendo capaz de canalizar a insatisfação popular com o esgotamento do modelo, a partir de uma narrativa udenista e seletiva sobre a corrupção

Diante disso, quais são os horizontes para uma saída à esquerda?

Acredito em duas orientações fundamentais, uma de estratégia, outra de tática.

No campo da estratégia, precisamos compreender que a via de buscar avanços sociais sem reformas estruturais chegou ao esgotamento. Mesmo fugindo do conflito como o diabo da cruz, o PT viu-se em meio a ele. Estreitaram-se muito as margens de manobra para avanços sem conflitos e rupturas no Brasil. A crise afunila cada vez mais as alternativas: reformas populares ou retrocesso.

No campo da tática, a maior lição que a experiência petista nos deixa é que afundar-se na disputa institucional sem apostar na organização de base e na mobilização popular é um caminho de adaptação. A esquerda precisa retomar sua capacidade de mobilização, estando onde o povo está e assumindo suas lutas concretas.

O início de 2015 foi a conflagração aberta da disputa pelas saídas para o esgotamento do modelo petista. Alternando momentos de maior e menor tensão, essa será a batalha do próximo período no Brasil. E é para contribuir com a necessária reflexão que deve acompanhar a ação que publico este livro e deixo ao leitor a pergunta: afinal, de que lado você está?

Barril de pólvora

Receita para acabar com as ocupações

As ocupações organizadas por trabalhadores sem teto cresceram exponencialmente em São Paulo e em outras grandes metrópoles do país. Somente na capital paulista foram quase setecentas entre 2013 e 2014. Rio de Janeiro e Belo Horizonte também registraram grandes ocupações urbanas. Os alvos são sempre terrenos ou edifícios que estavam há tempos em situação de abandono.

O crescimento das ocupações suscitou um debate sobre o problema da moradia no país e permitiu que movimentos como o Movimento dos Trabalhadores Sem-Teto (MTST), que trava há dezessete anos a luta por moradia digna e Reforma Urbana, tivessem enfim espaço para expor suas posições.

Mas gerou também uma reação dos conservadores de sempre. Políticos, empreiteiros, editorialistas e promotores de Justiça se uniram sem demora para julgar e sumariamente condenar as ocupações urbanas.

Políticos prenunciam o caos e a desordem. Seus financiadores, os empreiteiros, gritam pelo direito à propriedade, esquecendo-se talvez de que a mesma Constituição que o garante exige também que ela desempenhe função social. Os jornais cobram a mão forte do Estado contra os "invasores". E até o Ministério Público resolveu abrir inquéritos sobre o tema.

O circo foi montado. Todos querendo acabar com as ocupações urbanas. Resolvemos então dar nossa contribuição a esse objetivo comum. Mas é preciso fazê-lo de uma forma mais qualificada e crítica. Se querem acabar com as ocupações, basta entender por que elas ocorrem e combater efetivamente suas causas. Compreender, portanto, as mudanças que afetaram as grandes cidades brasileiras nos últimos dez anos.

Com a aceleração econômica e a maior facilidade de crédito, o setor imobiliário teve um crescimento inédito na história recente. A indústria da construção se tornou a locomotiva nacional. O número de moradias financiadas pelo Sistema Financeiro de Habitação (SFH) passou de 247 mil em 2003 para 522 mil em 2006. O mercado imobiliário se aqueceu, complementado ainda com a abertura de capital das grandes empresas do ramo na Bovespa, que lhes rendeu bilhões de reais, investidos em aquisição de novas terras.

O resultado é conhecido de todos. Os preços dos imóveis explodiram nas grandes cidades, inclusive em regiões que antes não eram alvo dos investimentos privados. Bairros inteiros se transformaram com os novos investimentos, escancarando a dupla face do crescimento econômico.

De um lado, o crescimento gerou empregos e permitiu a milhões de pessoas o acesso a produtos que antes não tinham, representando um avanço em relação ao pão e água do neoliberalismo tucano. Mas, por outro lado, agravou a lógica de exclusão urbana ao tornar inviável a permanência dos mais pobres em regiões capturadas pelo mercado imobiliário.

A valorização imobiliária é traiçoeira. À primeira vista pode parecer benéfico que cheguem investimentos privados e novos empreendimentos que valorizem um bairro. Mas, assim que eles chegam, os preços explodem. Em especial o preço do aluguel, que ainda é a forma de moradia de milhões de trabalhadores brasileiros. E à medida que o aluguel aumenta – e aumentou muito nesses anos – sufoca o orçamento das famílias mais pobres.

Muitos não conseguem mais morar onde sempre moraram. São expulsos por essa lógica para regiões mais distantes e periféricas. E isso implica uma piora geral nas condições de vida: mais tempo no transporte para ir e voltar do trabalho, serviços públicos ainda piores e menor infraestrutura urbana.

Os dados mais recentes atestam essa explosão dos aluguéis nas metrópoles. Segundo a Fundação João Pinheiro, responsável pela organização e divulgação das pesquisas oficiais sobre o déficit habitacional, entre 2007 e 2012 o número de pessoas que sofrem com gasto excessivo com aluguel subiu 35,3%, chegando a 2.660.000 famílias. Apenas em um ano, entre 2011 e 2012, o déficit habitacional nas metrópoles brasileiras subiu 10%, alçado pelo aumento dos aluguéis. Lideraram Belo Horizonte (29%), Curitiba (26%) e São Paulo (18%).

Diante disso não é difícil concluir por que as ocupações aumentaram tanto nesses anos. Ocupar não é resultado da opção de alguém, mas da falta de opções. Ninguém vai viver em um barraco de lona porque gosta.

Se querem então acabar com as ocupações, que encarem suas verdadeiras razões. Ao invés de defender a criminalização dos movimentos e dos acampamentos de trabalhadores sem teto, defendam uma Reforma Urbana profunda, que possa resolver o drama da moradia nas cidades brasileiras. As ocupações acabarão sem a necessidade de uma só bomba de gás.

A receita é política. Combater a especulação imobiliária com regulação de mercado, tirar o controle da política urbana das mãos das grandes empreiteiras e desenvolver uma estratégia de desapropriação de terras que recupere a capacidade do poder público de planejar a política habitacional. Esses são importantes passos para quem quiser de fato acabar com as ocupações urbanas no Brasil.

Será que estão todos dispostos a defendê-los?

[26.06.2014]

A batalha do Plano Diretor

Depois de mais de nove meses do envio do projeto, o Plano Diretor Estratégico[1] (PDE) de São Paulo foi finalmente aprovado. O Plano estabelece diretrizes para o desenvolvimento da cidade nos próximos dezesseis anos e trouxe importantes avanços em relação ao anterior, de 2002.

A tentativa de estabelecer algum freio para o predomínio do mercado imobiliário sobre o crescimento da cidade se concretizou na definição dos Eixos Estruturantes, que são regiões onde haverá maior estímulo ao adensamento em função da oferta de transporte público. É a busca de um respiro para uma cidade que já colapsou por conta do incentivo ao transporte individual e pela lógica da periferização, que afasta cada vez mais os trabalhadores de seu local de trabalho.

O desafio da moradia popular também foi enfrentado. E que desafio! São Paulo tem um déficit habitacional de mais de 700 mil famílias; cerca de 1,3 milhão de pessoas vivendo em favelas; e outras 2,5 milhões que moram em loteamentos irregulares. Se somarmos, quase metade da população paulistana é afetada pelo problema da moradia precária ou irregular.

O novo PDE praticamente duplicou a quantidade de áreas destinadas à moradia popular: as Zonas Especiais de Interesse Social (ZEIS) passaram de 17 km² para 33 km². Essa reserva de área representa um importante passo, principalmente se considerarmos que o apetite do mercado tornou a falta do solo (ou seu valor excessivo) o maior problema para a construção de moradias populares na cidade.

Além disso, a pressão popular deu condições para que o Plano definisse que 60% das habitações construídas nas ZEIS têm de ser destinadas a famílias com

---

[1] Disponível em: <http://gestaourbana.prefeitura.sp.gov.br/arquivos-da-lei/>.

renda mensal inferior a três salários mínimos. Tendo em conta que mais de 70% do déficit habitacional brasileiro refere-se a essa faixa, percebemos o quão importante foi essa limitação para enfrentar de fato o problema de moradia em São Paulo.

Houve ainda outros avanços. O fortalecimento das regras de aplicação da função social da propriedade para combater áreas utilizadas para especulação imobiliária, com mecanismos como IPTU progressivo e desapropriação sanção[2], foi um deles. Outro foi o estabelecimento de uma política municipal de prevenção de despejos forçados, seguindo passos já indicados – também sob pressão – pelos governos federal e estadual.

De todos os avanços, talvez o mais inovador seja a Cota de Solidariedade. Mas ela também expressa os limites do PDE. A proposta original era um verdadeiro enfrentamento à segregação urbana: estabelecia que um empreendimento com mais de 20 mil m² teria de doar 10% *daquela* área para habitação popular.

Os condomínios de alto padrão teriam de aprender a conviver com "gente diferenciada"[3] a seu lado, muro a muro. Mas aí a pressão do mercado entrou em campo e a Cota foi relativizada. Na forma final, o empreendedor não precisa mais repassar parte da área e pode, inclusive, fazer a contrapartida em dinheiro. Se optar por terra, não é necessário que seja na mesma área, basta que esteja na Macrozona[4]. Prevaleceu nesse caso a lógica da segregação.

Muito se falou das pressões para a aprovação do Plano. É verdade, os avanços obtidos não teriam sido possíveis se não fosse a intensa pressão popular. Mas essa foi apenas a pressão mais visível. Foram inúmeras mobilizações dos movimentos e uma participação ampla nas audiências públicas de debate do PDE. O Movimento dos Trabalhadores Sem-Teto (MTST) permaneceu acampado em frente à Câmara durante sete dias, até a aprovação do Plano.

Nem sempre, porém, a maior pressão é a mais visível. Em sua discussão, o Plano foi objeto de uma pressão muito mais violenta por parte dos lobistas do mercado imobiliário. A pressão silenciosa de um engravatado pode ter mais efeito que o barulho dos descamisados. A pressão de bastidores dos empresários foi pesada e também incidiu no resultado final do Plano, como vimos no caso da Cota de

---

[2] Desapropriação sanção é um instrumento previsto pelo Estatuto da Cidade (2001) que permite ao Estado, após prazo legal de cinco anos, adquirir compulsoriamente uma área sem função social pagando com títulos da dívida pública.

[3] Ver, neste volume, o artigo "Existe fascismo em São Paulo".

[4] A Macrozona é uma região ampla da cidade, cujo referencial de uso é definido pelo Plano Diretor.

Solidariedade. Ou alguém se atreveria a subestimar um setor que investiu mais de R$ 22 milhões em doação de campanha para os atuais vereadores de São Paulo?

O PDE de 2014, apesar dos expressivos avanços, não reverte a lógica excludente de desenvolvimento da cidade. Nas atuais relações de força e com o atual sistema político, nenhum Plano poderia fazê-lo. Enquanto as empreiteiras controlarem valiosos espaços no Estado através do financiamento privado de campanhas eleitorais, não conseguiremos mudanças estruturais no sentido de uma verdadeira Reforma Urbana.

E mais. Estaremos sempre sujeitos a que mesmo os avanços pontuais não sejam implementados. O Plano de 2002 foi praticamente engavetado pelas gestões municipais que se seguiram, e seus pontos mais avançados foram solenemente ignorados. Por isso, passada a batalha da aprovação do PDE, teremos agora a batalha por sua implementação efetiva.

[01.07.2014]

Os Brics e os sem-teto

Em 15 de julho de 2014, os chefes de Estado dos Brics encontram-se em Fortaleza para a sexta cúpula do grupo que reúne as mais importantes economias emergentes do mundo.

A participação do Brasil – ao lado de Rússia, Índia, China e África do Sul – representa o reconhecimento internacional do crescimento econômico que vivenciamos na última década. Embora esse crescimento e a própria existência dos Brics estejam hoje em xeque, o encontro tem considerável peso simbólico.

A cidade escolhida para sediá-lo também simboliza como poucas o desenvolvimento econômico recente e suas contradições. Fortaleza tornou-se o carro-chefe do crescimento urbano nordestino, tanto demográfico quanto econômico. De 2000 a 2010, sua região metropolitana foi a que mais cresceu no país, chegando a mais de 3,6 milhões de habitantes.

Do ponto de vista econômico, o Ceará tem crescido a índices sucessivamente superiores à média nacional. Enquanto o Brasil cresceu 2,3% em 2013, o PIB cearense cresceu 3,4%, motivado principalmente pela expansão do setor de serviços e da construção civil na capital, Fortaleza. A cidade passou a ter o maior PIB do Nordeste, superando Salvador e Recife.

Fortaleza é, portanto, um símbolo do crescimento econômico que colocou o Brasil entre os Brics. Mas também é símbolo de suas contradições. Já passou da hora de entendermos que o crescimento econômico não é um bem em si, isento de efeitos negativos e antipopulares.

Nunca é demais lembrar que o período de maior crescimento do Brasil em sua história recente – o chamado "milagre econômico", conduzido pela ditadura militar – foi igualmente o período de maior concentração de renda no país.

Numa economia de livre mercado como a nossa, o crescimento significa fortalecimento do capital e dos interesses privados. Por isso, para garantir um mínimo de equilíbrio entre as forças sociais nas conjunturas de crescimento, são necessárias intervenções estatais que resguardem os direitos dos mais pobres. Isso não ocorreu durante a ditadura e ocorreu de forma muito limitada nos governos petistas.

Resultado: o avanço econômico veio novamente acompanhado de perversos efeitos colaterais. Nos centros urbanos destacou-se a especulação imobiliária, com sua fórmula de valorização e exclusão. Ao mesmo tempo que explodiram os investimentos, o preço da terra e dos aluguéis passaram por uma hipervalorização, expulsando os mais pobres para regiões periféricas e desprovidas de infraestrutura e serviços públicos.

Fortaleza, sede da cúpula dos Brics e exemplo do crescimento recente, representa de modo emblemático esse processo. Nos últimos quatro anos a valorização imobiliária na capital cearense foi de 72% ante 28% de inflação, segundo o índice Fipe/Zap. O déficit habitacional da cidade chegou a 125 mil famílias em 2012, só perdendo para as três gigantes do Sudeste (São Paulo, Rio de Janeiro e Belo Horizonte). Segundo o Ipea, o aumento desse déficit na região metropolitana de Fortaleza entre 2007 e 2012 foi o segundo maior do país, ficando atrás apenas de Brasília.

Dezenas de milhares de novos sem-teto surgiram na nova "capital do Nordeste". A razão é a mesma que temos visto em São Paulo e outras grandes metrópoles: o aumento descontrolado e abusivo no valor dos aluguéis urbanos. Junto a isso, a especulação aprofundou ainda a velha prática da segregação urbana. Milhares de pessoas têm sido removidas de comunidades em áreas mais valorizadas, próximas à praia, para conjuntos habitacionais periféricos.

Por isso não é de se estranhar que, às vésperas do encontro dos Brics, Fortaleza tenha se tornado palco da mais recente ocupação urbana do país. Centenas de trabalhadores sem teto ocuparam na última semana um enorme terreno no bairro da Paupina, zona sul da cidade. Abandonado há anos e utilizado para especulação imobiliária, o terreno tornou-se mais um alvo do Movimento dos Trabalhadores Sem-Teto (MTST) na luta por moradia no país.

A ocupação – batizada de "Copa do Povo", a exemplo da ocorrida em Itaquera, na zona leste de São Paulo – cresceu intensamente nos primeiros dias, expressão viva do déficit habitacional represado e do fracasso das políticas habitacionais em solucioná-lo.

No mesmo dia da ocupação da Paupina, poucas horas antes e há alguns quilômetros dali, o Brasil vencia a Colômbia no estádio do Castelão. Dias depois, no suntuoso Centro de Eventos do Ceará, a cúpula dos Brics discutia os rumos econômicos dos países do grupo.

Entre a seleção e os chefes de Estado, novos personagens entraram na cena. Os trabalhadores sem teto clamam por sua fatia no bolo do crescimento nacional.

[10.07.2014]

A Copa das tropas

A Copa do Mundo de 2014 no Brasil terminou. O discurso apocalíptico adotado pela maior parte da mídia foi substituído por orgulhosas afirmações de sucesso, a ponto de muitos ecoarem o bordão "Copa das Copas".

Convenhamos, nem um nem outro. Se por um lado houve um evidente alarmismo em relação ao tema das obras inconclusas e da infraestrutura de transporte, por outro, o fato de a Copa ter terminado sem esses incidentes não quer dizer que seu legado tenha sido positivo para o país. Nem a apologia do fracasso, com claras finalidades eleitoreiras, nem o ufanismo injustificado.

O maior legado dessa Copa para o povo mais pobre das cidades-sede foi e continua sendo o agravamento da especulação imobiliária. Aluguéis mais altos e ampliação da segregação urbana. O urbanista João Sette Whitaker descreveu esse processo de exclusão dos megaeventos de forma contundente na apresentação do livro *Brasil em jogo: o que fica da Copa e das Olimpíadas?*[1].

Lá ele mostra o modelo de cidade que está associado à realização das Copas, Olimpíadas, exposições etc. E no Brasil não foi diferente.

Porém, além da exclusão urbana, essa Copa ficou marcada pelo processo de repressão das lutas sociais. A prisão temporária de dezenas de militantes no Rio de Janeiro às vésperas da final do Mundial foi um dos atos mais aberrantes de criminalização do direito à manifestação desde a redemocratização do país.

Trinta e sete pessoas foram acusadas de formação de quadrilha armada. Se prender militantes talvez não comova tanta gente, registre-se então que entre os

---

[1] João Sette Whitaker Ferreira, "Um teatro milionário", em Raquel Rolnik, Andrew Jennings et al., *Brasil em jogo: o que fica da Copa e das Olimpíadas?* (São Paulo, Boitempo, 2014), p. 7-15.

presos estão um advogado, uma jornalista da Empresa Brasil de Comunicação (EBC), um professor universitário e dois professores da rede pública.

A acusação é que pretendiam realizar manifestações de depredação no dia da final da Copa. Como disse um representante da OAB, foi a "prisão Mãe Diná", baseada numa suposta pretensão. E isso justificou a qualificação como formação de quadrilha. Já o conluio milionário do governo Cabral/Pezão com a empreiteira Delta – simbolizado pela patética dança dos guardanapos em Paris[2] – não foi considerado crime de formação de quadrilha pelo Judiciário carioca. Não consta sequer que haja alguém preso ou incriminado.

A manifestação da final da Copa no Rio transcorria inclusive de forma pacífica, até a Polícia Militar resolver atirar suas bombas. O mesmo se deu em São Paulo no dia do jogo de abertura do Mundial, com uma repressão desproporcional.

A Polícia de São Paulo inovou também nessa Copa ao reprimir com bombas e prisões um debate sobre a criminalização das lutas sociais que ocorreu na praça Roosevelt no dia 1º de julho. Vejam bem: um debate. Debate ocasionado pela prisão arbitrária do funcionário da USP Fabio Hideki.

Fabio foi preso junto com outros dois manifestantes em 23 de junho numa manifestação em São Paulo que questionava a Copa. Há inúmeras testemunhas de que o suposto flagrante de porte de explosivos foi forjado pela polícia para prendê-lo. Todos os relatos da ausência de ligação de Fabio com qualquer tipo de ação violenta também não foram suficientes para o Judiciário paulista.

As prisões arbitrárias, a repressão indiscriminada e o Exército nas ruas – enfim, esses sintomas universais de estado de exceção – aconteceram sob o pretexto de impedir manifestações violentas durante a Copa. E agora que a Copa acabou, como fica?

Se depender da política de segurança dos governos estaduais de São Paulo e do Rio de Janeiro, respaldada na "povofobia" do Judiciário, novos pretextos virão. E com o beneplácito do ministro da Justiça José Eduardo Cardoso, distribuidor de tropas da República. Se dependesse dele, a lei antimanifestação teria sido aprovada. Sorte que, ao menos nesse caso, vozes mais sensatas prevaleceram no governo federal.

Uma coisa é certa. O balanço da "Copa das tropas" é o perigo para o direito democrático de livre manifestação no Brasil.

[17.07.2014]

---

[2] Em 2009, num dos hotéis mais luxuosos de Paris, secretários de Estado do governo Sérgio Cabral foram flagrados com o empreiteiro Fernando Cavendish dançando com guardanapos na cabeça. O episódio ficou conhecido como "a dança dos guardanapos".

Cara, eu ganho.
Coroa, você perde!

A elite brasileira é intransigente. Não aceita concessões, por menores que sejam. Qualquer pequeno incômodo é tratado como abalo sísmico por seus representantes no poder de Estado, na mídia e em seu habitat natural, o mercado financeiro.

O inofensivo decreto 8.243 é acusado de bolivarianismo. Os gastos federais com assistência social, que correspondem a menos de 4% do Orçamento da União, são apresentados como perigoso risco fiscal. O governo petista não atacou nenhum de seus privilégios, mas quando Dilma sobe a Bolsa cai.

A bola da vez agora parece ser o Movimento dos Trabalhadores Sem-Teto (MTST) e a luta popular por moradia. As ocupações urbanas tiveram um crescimento expressivo desde 2013, motivadas pelo aumento insano do valor dos aluguéis. Isso levou o movimento às ruas e ampliou a pressão sobre o poder público. Pressão legítima e democrática, que é a forma que se conhece historicamente para o Estado atender os interesses dos mais pobres.

Vieram algumas vitórias. Poucas, aliás. A liberação de recursos para compra de terrenos e financiamento de obras de moradia, a criação de uma comissão para mediação de conflitos em despejos e o aprimoramento de normativas do programa Minha Casa Minha Vida.

Pronto, foi o suficiente para despertar a ira da turma do eixo Higienópolis-Jardins. O Ministério Público de São Paulo entrou com três ações para investigar os "privilégios" do MTST. Choveram editoriais contra os novos "donos da política habitacional". E, naturalmente, matérias com denúncias e ataques para os mais variados gostos.

E vejam que o MTST não conseguiu sequer arranhar a estrutura da política habitacional brasileira. Suas conquistas foram pontuais. Significaram um fortalecimento tímido da modalidade Entidades do Minha Casa Minha Vida, onde a gestão do projeto e da obra é feita pelos futuros moradores, em vez de empreiteiras. Essa modalidade, porém, permanece sendo uma pequena gota no oceano: mais de 95% das moradias do programa são feitas por meio de construtoras.

Os setores imobiliário e da construção civil continuam dando o tom e definindo as regras da política habitacional brasileira. Detêm os terrenos e controlam a maioria dos financiamentos públicos do Minha Casa Minha Vida. São os grandes interlocutores do Estado em todos os seus níveis, até por serem os maiores financiadores de campanha eleitoral do país. Mas os "privilegiados", os "donos da política habitacional" são os militantes do MTST.

As conquistas obtidas pelo MTST de 2009 a 2014, no Brasil todo, não chegam a 8 mil moradias, somando as contratadas e as somente acordadas. Só a MRV Engenharia, nos primeiros dois anos do programa, recebeu financiamento público para 40 mil moradias. Apenas entre 2009 e 2011! E estamos falando de uma entre as dezenas de construtoras que recebem financiamento pelo programa. Quem manda mesmo na política de habitação?

Porém, para os donos do poder, as quase 8 mil moradias do MTST são demais. Resolveram então partir para o ataque. Na vanguarda, como sempre, a revista *Veja*, maior especialista em desmoralização sem fatos.

A indústria de escândalos e factoides da *Veja* é de uma produtividade inquestionável. Quando há fatos, distorcem e amplificam de acordo com seu interesse. Quando não há, os criam. É desnecessário retomar exemplos como o famoso grampo sem áudio no STF ou a entrevista com o líder forjado das manifestações de junho. O jornalista Luis Nassif, em seu dossiê "O caso *Veja*"[1], já desmascarou em minúcias o padrão *Veja* de fabricação de mentiras, seus métodos inescrupulosos e suas relações promíscuas com o poder econômico.

Atacar movimentos populares não é novidade para a mídia hegemônica no país. O Movimento dos Trabalhadores Rurais Sem Terra (MST) foi seu alvo predileto durante muitos anos. Mas a *Veja* dá sempre um passo além. Faz descaradamente o que os demais fazem apenas nas entrelinhas.

Os argumentos que usou no recente ataque ao MTST são sintomáticos de seu método. O Movimento é uma "indústria de ocupações" por organizar a participação

---

[1] Disponível em: <http://jornalggn.com.br/blog/luisnassif/a-serie-o-caso-de-veja>.

de seus membros com listas de presença. E as ocupações são uma "farsa" porque as pessoas não moram definitivamente nelas.

Se o MTST não tivesse nenhum tipo de controle e organização de quem participa seria acusado de desvairado. Como se organiza por meio de listas e cadastros, para definir legitimamente sua demanda, é acusado de ser "indústria de ocupações".

O caso dos barracos nas ocupações é ainda mais emblemático. As pessoas que ocupam um terreno normalmente não estavam em situação de rua. Tinham um local anterior, embora muito precário: um pequeno cômodo, um barraco numa área de risco ou uma casa na qual não conseguem mais pagar aluguel.

A metodologia do MTST implica não estimular as famílias a romperem esse vínculo precário de moradia. Se as milhares de famílias que participam de ocupações, buscando uma condição mais digna de vida, fossem morar definitivamente lá, com todos os seus pertences, o resultado seria a criação em larga escala de novas favelas.

As ocupações têm o sentido de pressão sobre a especulação imobiliária e o poder público para fazer andar a política habitacional, não a favelização. Por isso a proposta das pessoas não morarem definitivamente nelas. Se o MTST fizesse o contrário seria acusado de "indústria de favelas", "loteador clandestino" etc.

Ou seja, não há saída quando o jornalismo é viciado. Os interesses são impermeáveis aos argumentos. Quando a ordem é atacar e desmoralizar prevalece sempre o cinismo: cara, eu ganho; coroa, você perde!

[07.08.2014]

Menos 612

"Menos dois" – foi esse o comentário de um policial militar do Rio de Janeiro ao seu colega após terem executado dois garotos, M., de 15 anos, e Matheus Alves dos Santos, de 14, no dia 11 de junho de 2014. Na verdade, M. sobreviveu, mesmo tendo tomado um tiro de fuzil, e por isso a história chegou ao conhecimento público. Os garotos, negros e moradores da favela da Maré, caminhavam pelo centro do Rio quando foram abordados e levados pelos PMs ao morro do Sumaré, local da execução.

Menos dois que nada! Menos 612, só no primeiro semestre de 2014. Esse é o número de pessoas assassinadas por policiais militares em serviço no Rio de Janeiro e em São Paulo, de janeiro a junho de 2014. Longe de ser uma prática isolada de alguns psicopatas fardados, o extermínio policial é rotina no Brasil.

No Rio de Janeiro, que tem a polícia mais letal do país, foram 10.700 assassinatos praticados por policiais em uma década, de 2001 a 2011, contando apenas os registros de morte decorrente de intervenção policial, isto é, os assumidos pelos policiais. Nos primeiros seis meses de 2014 foram 295 homicídios nessa categoria.

Mas o número real tende a ser bem maior. Não fosse o fato raro do garoto M. ter sobrevivido ao tiro de fuzil, Matheus entraria na estatística como "desaparecido", e não como morte causada pela PM. Também no primeiro semestre de 2014 foram 3.185 desaparecidos no Estado do Rio de Janeiro, segundo o Instituto de Segurança Pública (ISP/RJ). Ou seja, os números – já alarmantes – podem estar ainda bastante subestimados.

Em São Paulo a realidade não é tão diferente. A letalidade policial é relativamente menor que a do Rio, mas é crescente. No mesmo ano, o crescimento dos homicídios praticados por policiais no Estado foi manchete em toda a parte. De janeiro a junho foram 317 assassinatos por policiais em serviço, um aumento de 111% em relação ao primeiro semestre de 2013. 111%, mais que o dobro! Isso representa cinco homicídios a cada dois dias.

Só no último mês foram dois casos que ganharam maior repercussão. As chacinas de Carapicuíba, em 13 e 26 de julho, que deixaram doze mortos – incluindo uma mulher grávida – na vingança de policiais após o assassinato de um PM na cidade. E os dois jovens executados em 31 de julho, após serem pegos por policiais pichando um edifício abandonado na zona leste da capital.

"Mas estavam pichando, eram bandidos!" – retrucaria o espírito conservador paulistano, tão bem dissecado por Antonio Prata em uma de suas crônicas[1].

Pois é, mas não consta que para pichação ou qualquer outro crime esteja definida no Código Penal brasileiro a pena de morte. Aliás, pena de morte executada covardemente, sem direito de defesa, julgamento ou condenação legal.

Na prática a pena de morte existe no Brasil. Aliás, dados da Anistia Internacional atestam que apenas as polícias de São Paulo e Rio de Janeiro mataram 42% mais gente do que todos os países onde existe legalmente pena de morte. As polícias dos Estados Unidos, país tão apreciado pelos de espírito conservador, mata entre 200 e 400 pessoas por ano, considerando-se uma população total de mais de 300 milhões de pessoas. Já a polícia de São Paulo, estado que tem pouco mais de um décimo dessa população, matou 317 só no primeiro semestre de 2014.

Mas essa pena de morte extrajudicial é seletiva. Seus alvos são muito bem definidos. Têm cor, idade e endereço. São quase sempre jovens e negros. E são sempre pobres e moradores das periferias. O mapa organizado pelo site <ponte.org> não deixa dúvidas sobre isso[2].

E é precisamente por isso que a pena de morte brasileira é tolerada e mesmo encorajada por um setor da sociedade. É vista pelo imaginário fascista de uma parte das camadas médias e da burguesia brasileira como uma necessária limpeza social. Afinal, bandido bom é bandido morto. Direitos humanos é para humanos direitos. Ou seja, não foi o cabo da PM carioca que inventou o "menos dois". Ele apenas expressou, com um sadismo nu e cru, o culto à barbárie e ao extermínio dos mais pobres que é defendido por gente muito mais graúda que ele, nas rodas sociais, na mídia e nos governos.

---

[1] Antonio Prata, "Caro Fernando Haddad", *Folha de S.Paulo*, 10 ago. 2014. Disponível em: <http://www1.folha.uol.com.br/colunas/antonioprata/2014/08/1498376-caro-fernando-haddad.shtml>.

[2] Ver: <https://mapsengine.google.com/map/u/0/viewer?mid=z0Sqfs4qewEA.kzMf9ZiTib8g>.

Quando o governador Geraldo Alckmin diz que "quem não reagiu está vivo" em meio à onda de chacinas cometidas por policiais em 2012 em São Paulo, qual a mensagem que ele envia para a tropa? Quando consideramos que mais de 90% dos homicídios praticados por policiais no Rio de Janeiro têm sua investigação arquivada em menos de três anos pelo Judiciário, sem qualquer punição, o que os juízes e promotores estão dizendo para esses PMs?

Matar negros e pobres nas periferias é permitido, essa é a mensagem. Uma verdadeira chancela oficial. Não à toa que os números crescem.

Enquanto a estrutura da segurança pública não for desmilitarizada – proposta que está estacionada no Congresso Nacional, a PEC 51 – e enquanto os governos e o Judiciário continuarem tolerando e estimulando o extermínio policial nas periferias, essa tendência não se inverterá.

Continuaremos a presenciar diariamente a matança de novos Amarildos, Claudias, Douglas, Matheus e tantos outros anônimos que tiveram a vida ceifada pela covardia injustificável de uma execução em nome da ordem.

[14.08.2014]

Quem são mesmo os invasores?

Não vamos falar aqui de Pedro Álvares Cabral, muito embora a origem das escrituras de imóveis privados sobre áreas públicas esteja nas capitanias hereditárias dos portugueses. Já faz muito tempo e ninguém mais se interessa pelo assunto.

O que gera furor é quando os sem-teto descamisados ocupam áreas ou edifícios ociosos para poderem ali morar. É um ataque ao direito e à lei. Onde já se viu invadir o que é dos outros? Forma-se então uma "Santa Aliança" entre promotores, o Judiciário e políticos de plantão em defesa do direito à propriedade.

"Invadiu, tem que 'desinvadir'!", disse certa vez o governador de São Paulo para delírio da elite paulista.

Pois bem, é preciso ser coerente. Invadiu, tem que "desinvadir"? Vamos lá então. Apenas na cidade de São Paulo as áreas públicas invadidas ou com concessão de uso irregular para a iniciativa privada representam mais de R$ 600 milhões de prejuízo anual para o poder público.

A CPI das áreas públicas de 2001 mostrou que as quarenta maiores invasões privadas representavam na época 731 mil m² de área.

E quem são os invasores?

Comecemos pelo setor de divertimentos. Os clubes Pinheiros, Ipê, Espéria, Paineira do Morumby e Alto de Pinheiros estão total ou parcialmente em áreas públicas e com cessão de uso irregular. Invadiu, tem que "desinvadir"! Cadê a bomba de gás na piscina do Morumbi?

Ah, sim, isso sem falar no Clube Círculo Militar de São Paulo e no Clube dos Oficiais da Polícia Militar. E aí, quem topa despejar?

E os shoppings então... Os shoppings Continental, Eldorado e Center Norte invadiram expressamente áreas públicas, especialmente em suas zonas de estacionamento.

No caso do Center Norte o abuso é gritante. A invasão foi legitimada pelo Judiciário, o que, segundo o relatório da CPI, configurou uma "decisão inusitada, inédita e revestida de ilegalidades que prejudicam o município".

Ué, o Judiciário legitimou invasão?! Cadê o direito à propriedade? No caso, ainda mais grave, trata-se de propriedade pública.

Compreensível, na medida em que a Associação Paulista dos Magistrados (Apamagis) está sediada numa área pública, com irregularidades na cessão de uso, no bairro nobre do Ibirapuera. E aí, não vai ter bala de borracha nos ilustríssimos juízes?

Querem mais? As agências do Bradesco na praça Panamericana e no Butantã invadiram áreas públicas em seus empreendimentos. O mercado Pão de Açúcar, na mesma praça Panamericana, e o Extra da avenida Juscelino Kubitschek fizeram o mesmo. Assim como as faculdades privadas Unisa e Unip Anchieta. Por sua vez, o Itaú Seguros e a Colgate-Palmolive foram denunciados pela CPI de 2001 por concessão de uso irregular de áreas públicas.

Outro caso escandaloso é o da Casa de Cultura de Israel, ao lado do metrô Sumaré. Não satisfeitos em invadir o território palestino, os israelenses resolveram também tomar área pública em São Paulo. Tiveram concessão de uso de área pública e não cumpriram com termos e prazos.

E aí, governador? Invadiu, tem que "desinvadir"! Cadê a tropa de choque para despejar essa turma toda?

E ao Judiciário paulista, tão rápido em conceder liminar de reintegração de posse contra as ocupações de sem-teto, onde está o mandado contra os clubes, os shoppings e os bancos?

Neste momento há mais de 25 ordens de despejo contra ocupações de sem-teto só no centro de São Paulo. Nas periferias são outras tantas. Várias foram cumpridas nas últimas semanas, normalmente com truculência policial, como a da rua Aurora, quando o advogado Benedito Barbosa, da Central de Movimentos Populares, foi agredido e preso abusivamente.

Também neste momento mais de 8 mil famílias sem teto, de ocupações da região do Isidoro, em Belo Horizonte, estão à beira de serem jogadas violentamente na rua.

E então? Querem defender o direito à propriedade acima do direito à vida? Defendam, mas sejam ao menos coerentes. Despejem primeiro os bancos, mercados, shoppings e clubes em áreas públicas para depois virem falar da legitimidade de despejar trabalhadores sem teto.

[22.08.2014]

Existe fascismo em São Paulo

Se existe amor em São Paulo eu não sei. Mas fascismo, esse existe. E a elite paulistana não faz nenhuma questão de escondê-lo.

Sabemos que não é de hoje. A história da segregação territorial em São Paulo vem dos anos 1940, quando se inicia de forma mais sistemática a demolição dos cortiços e das residências operárias nas regiões centrais. Pobre precisa vir ao centro para trabalhar e servir, mas morar ali? Não, aí já é vandalismo!

Foi assim que surgiram e se expandiram as periferias da cidade. Numa jogada de mestre e sempre com o apoio do Estado, os agentes imobiliários conseguiram, ao mesmo tempo, tirar os pobres do convívio nos bairros centrais, ganhar um bom dinheiro com loteamentos clandestinos na periferia e reservar áreas intermediárias para a especulação. Nessas áreas estabeleceram-se depois os verdadeiros nichos da elite paulistana.

O que estava em jogo era materializar no território a segregação social entre ricos e pobres.

Até hoje a dinâmica do mercado imobiliário reproduz esse fenômeno. Quando um bairro recebe investimentos ou passa a hospedar grandes empreendimentos privados – condomínios de alto padrão, shoppings etc. – sofre um processo intenso de valorização. Expulsa assim os moradores mais pobres, por vezes através de despejos coletivos e, mais frequentemente, pela hipervalorização dos aluguéis.

Essa dinâmica econômica sedimentou uma mentalidade higienista na elite e nas camadas médias. Veio junto com uma fobia, um nojo, uma recusa da convivência. Seu ideal seria que os pobres trabalhassem para servi-los, mas ao fim do expediente evaporassem, para retornar apenas no dia seguinte. Pobres podem até existir, desde que longe de seus olhos.

Há casos emblemáticos e recentes. Em 2010, os seletos moradores de Higienópolis iniciaram um movimento contra uma estação de metrô nas redondezas. Motivo: traria ao bairro "gente diferenciada". Em 2011 foi a vez de uma turma de comerciantes e moradores de Pinheiros, que se organizaram contra um albergue para moradores de rua no bairro. "Ficaremos acuados em casa", alegaram na ocasião. As rampas antimendigo, iniciadas na gestão de José Serra para impedir moradores de rua em certas partes da cidade, deram a chancela do poder público.

Mas o pior ainda estava por vir. A face mais perversa desse fenômeno foram os incêndios em favelas. O mercado imobiliário é mesmo muito criativo. Quando, por alguma eventualidade, o Judiciário barra o despejo de uma favela localizada em zona de expansão imobiliária, eles fazem a seu modo. Incendiar favelas tornou-se um recurso habitual para afastar pobres dos condomínios de alto padrão.

Em muitos casos é difícil provar, o que permitiu aos interessados atribuir os incêndios à baixa umidade do ar. Mas os indícios são avassaladores. O site *Fogo no Barraco*[1] reuniu em um mapa todos os incêndios em favelas paulistanas de 2005 a 2014 e comparou as regiões incendiadas com o índice de valorização imobiliária. O mapa mostra como a enorme maioria dos incêndios ocorreu nas zonas de valorização. Mais inflamável que o clima seco é a especulação.

Os dados dizem ainda que metade dos incêndios dos últimos vinte anos ocorreu entre 2008 e 2012, isto é, durante a gestão de Gilberto Kassab (PSD) como prefeito, que foi marcada pela promiscuidade com o mercado imobiliário. A conivência do poder público também é inflamável. O tema voltou com o incêndio em uma favela na região do Campo Belo no dia 7 de setembro de 2014. O bairro valorizou-se 130% nos últimos cinco anos, de acordo com o índice Fipe/Zap. Tinha uma pedra no sapato do mercado imobiliário e da mentalidade fascista que foi novamente varrida com fogo. Os bombeiros que foram até o local afirmaram em reportagem que o incêndio foi mais uma vez criminoso. No mesmo período, a *Folha de S.Paulo* noticiou que condomínios do Morumbi estão se mobilizando contra a ocupação Chico Mendes, organizada pelo MTST num terreno municipal com destinação prevista para habitação popular. Uma das ilustres moradoras disse tudo: "Atrapalhando eles estão, é desconfortável". Atrapalhando a vista de sua sacada, pobres, ali, ao lado.

---

[1] Ver: <http://fogonobarraco.laboratorio.us/>.

A realidade é mesmo desconfortável. A mentalidade fascista atua para negar, queimar, expulsar esse desconforto para bem longe. Que os pobres existam, mas em algum lugar de Ferraz de Vasconcelos, bem longe da minha varanda *gourmet*.

[11.09.2014]

Sampa e a barbárie

A esquina da Ipiranga com a avenida São João, imortalizada em versos, testemunhou fatos bem pouco poéticos.

Bebês sufocados com bombas de gás, pessoas desmaiando e outras sendo forçadas por policiais a deitar no chão molhado. Cadeirantes sem suas cadeiras de roda. Filhos perdidos das mães. Cenário de horror.

Ali, no cruzamento mais famoso de São Paulo, ficava a ocupação de duzentas famílias de sem-teto no prédio do antigo hotel Aquarius, fechado e abandonado havia mais de dez anos.

Não só este. Estima-se em 400 mil o número de imóveis desocupados na cidade de São Paulo. No Brasil, segundo o IBGE, são 6.052.000 imóveis nessas condições. Praticamente a mesma proporção do número de famílias sem moradia. Estão ali servindo à especulação imobiliária, esperando por alguma operação urbana ou Parceria Público-Privada (PPP) que lhes agregue valor com investimento público.

O Judiciário e a polícia postam-se para garantir o direito à especulação, caso este seja perturbado por grupos de sem-teto buscando – que ousadia! – o direito de morar em alguma parte. Só no centro de São Paulo há mais de vinte ocupações com ordem de despejo.

Tratar problemas sociais como casos de polícia é sinal inequívoco da barbárie. Assim foi no Carandiru, em Eldorado dos Carajás ou no Pinheirinho. É a aposta na violência de Estado para sufocar as contradições da sociedade.

Foi assim na esquina famosa no dia 16 de setembro. E foi assim também, dois dias depois, em uma esquina não muito famosa do bairro da Lapa. O PM Henrique Dias de Araújo atirou à queima roupa em um camelô que tentava defender seu colega, agredido por outros dois policiais.

Carlos Augusto Braga, o camelô assassinado, já havia terminado o expediente e estava indo buscar o filho na escola. Segundo a família, planejava voltar ao Piauí, onde havia sido aprovado num concurso público. Não verá mais o filho nem o Piauí.

O PM que o matou já respondia por outro assassinato, em março de 2014, quando atirou num morador de rua, supostamente em legítima defesa. Legítima defesa foi também a alegação do comando para o novo assassinato, até ter sido desmentido por um vídeo que flagrou o crime.

É impressionante como a reação de indignação a esses vídeos tem prazo tão curto de validade. E como o Judiciário contribui para a banalização da barbárie. Alguns dias depois do assassinato, o soldado já foi solto e pouco se falou do assunto.

O rito é padrão mesmo quando as provas estão aos olhos de todos. Lembram-se vocês daquele pedreiro que foi assassinado por quatro PMs em frente de casa no Jardim Rosana, zona sul de São Paulo, em 2012? O vídeo saiu no *Jornal Nacional*, da TV Globo. Algumas semanas depois, o bar de onde saiu a gravação foi palco de uma chacina, também cometida por policiais, onde sete morreram.

Sabem o que aconteceu? Os policiais da chacina, depois de reconhecidos e presos, já estão soltos. E os quatro que exterminaram o pedreiro foram absolvidos pelo Judiciário no mês passado.

Mas e as imagens? Ora, pedreiro, camelô, sem-teto, quem se importa?

O governador Geraldo Alckmin (PSDB) segue o mantra malufista de que polícia violenta dá voto. E por isso não perde uma oportunidade de pôr o Choque em ação, a Rota na rua. Pode funcionar no curto prazo, numa sociedade dominada pelo medo e pela violência.

Mas frequentemente quem aposta na barbárie vê, cedo ou tarde, o feitiço voltar-se contra o feiticeiro. Junho de 2013 deu sinais disso, mas a memória é curta.

O prefeito Fernando Haddad (PT), que poderia ter se contraposto, preferiu atribuir a violência do despejo da avenida São João a "oportunistas" e tratar o assassinato do camelô como "fato isolado". Com medo das acusações levianas do Ministério Público de que favorece ocupações e em nome da Operação Delegada, que herdou de Kassab, perdeu uma excelente oportunidade de, no mínimo, ficar calado.

Assim terminou uma semana de barbárie. Com as autoridades políticas e o Judiciário convidando a todos que façam mais vezes. Afinal, com camelô e sem-teto pode.

Na Sampa real e sem poesia, a feia fumaça que sobe apagando as estrelas tem cheiro de pólvora e gás lacrimogêneo.

[25.09.2014]

Revolta da água

Cochabamba, Bolívia. Entre janeiro e abril de 2000, milhares de pessoas foram às ruas numa revolta popular que ficou conhecida como Guerra da Água. No ano anterior, o serviço de abastecimento havia sido privatizado e as tarifas aumentaram 100%. Os mais pobres ficaram sem água. O povo foi às ruas com amplas mobilizações, que derrubaram o prefeito da cidade. O presidente Hugo Banzer decretou estado de sítio, e a Bolívia se transformou num campo de batalha. Após três meses de revolta, suspenderam a privatização e o reajuste abusivo.

São Paulo, Brasil. Outubro de 2014. Sessenta por cento dos moradores da maior cidade do país registram falta de água em suas casas. O canal de abastecimento de mais de 20 milhões de pessoas está à beira do colapso completo. Se não chover mais do que o previsto, São Paulo seca no primeiro semestre de 2015.

A Região Metropolitana é abastecida por seis sistemas de reservatórios, sendo três mais importantes. O Cantareira – que tem a situação mais grave – está com 3,3% da capacidade e perde em média 0,2% ao dia. Somando isso à segunda fase do volume morto, espera-se mais uns três meses. O Alto Tietê está com 9% e perde também cerca de 0,2% ao dia. O Guarapiranga está com 43% e vem caindo entre 0,3% e 0,5% ao dia.

Até o primeiro turno das eleições a situação foi vergonhosamente ocultada pelo governo estadual, responsável pelo abastecimento. Apesar do racionamento noturno nos bairros da periferia, a Sabesp sustentava normalidade e afirmava que o desabastecimento sistemático era ficção eleitoreira. Três dias depois da reeleição de Geraldo Alckmin (PSDB), a presidente da Sabesp, Dilma Pena, admitiu a falta de água. Passados alguns dias, pediu demissão, mas o governo estadual solicitou que ela ficasse no cargo até o final do ano.

A ordem parece ser – repetindo a dose – não tomar nenhuma medida drástica até o segundo turno presidencial, na tentativa de eleger Aécio Neves (PSDB). Mas a realidade transborda o discurso, ou melhor, seca. A falta de água se generalizou na capital paulista, inclusive em bairros centrais. Na periferia, evidentemente, o impacto é sempre maior. Semana passada, moradores de Itaquera relataram que escolas públicas dispensaram os alunos por falta de água. Bairros de Carapicuíba ficaram cinco dias seguidos com a torneira seca. Um condomínio popular da CDHU no Campo Limpo ficou quinze dias.

Imaginem depois de 26 de outubro! Racionamento oficial, proibição de lavar carros e calçadas, limitação para a construção de novos prédios e definição de prioridades no abastecimento são medidas que podem vir por aí. É evidente que isso terá impacto sobre a vida das pessoas, além da falta de água para consumo. O fechamento de estabelecimentos comerciais e de serviços, bem como o desaquecimento da construção civil devem produzir grave desemprego em São Paulo. A limitação no abastecimento aumentará ainda o preço dos alimentos, já que a agricultura é potencial consumidora de água[1].

Cenário catastrófico? Invenção política? Há um mês, o racionamento era ficção. Em Itu, depois de mobilizações populares por dias seguidos sem água, os caminhões-pipa circulam agora com escolta armada. Em Campinas, as manifestações também já começaram a surgir.

O argumento para a contenção social de que estamos diante de um fenômeno climático, sem responsabilidades políticas, torna-se cada vez mais insustentável. A relatora da ONU para a questão da água se manifestou responsabilizando o governo tucano de São Paulo por falta de investimentos e planejamento. E não é só ela. Pesquisa Datafolha publicada em 20 de outubro mostrou que 75% dos paulistanos acreditam que a crise poderia ter sido evitada.

O Ministério Público, por meio do promotor Rodrigo Sanches Garcia, denunciou também a lógica de subordinar o abastecimento da população ao lucro dos acionistas da Sabesp. Diz ele: "A intenção da Sabesp era tirar água enquanto pudesse, inclusive para não ter que decretar racionamento. Sempre com a lógica,

---

[1] Outubro passou e parte do prognóstico se confirmou. A Sabesp impôs multa aos consumidores, o governo articulou projeto de lei para proibição de lavagem de carros e calçadas e a publicação dos dados de 2014 revelou que a indústria encolheu expressivos 5,3% no estado. Mesmo assim, o governo ainda segura o racionamento oficial, esperando que o alto índice de chuvas em fevereiro de 2015 possa amenizar o período de estiagem.

não da preservação do sistema, mas do quanto se pode retirar de água. Porque água é dinheiro".

E mais: "Neste período [2012 e 2013], o Sistema Cantareira foi responsável por 73,2% da receita bruta operacional da empresa, denotando a superexploração daquele sistema produtor que não mais conseguiu se recuperar diante da gravidade do atual evento climático de escassez".

Portanto, deixem são Pedro em paz! O problema climático apenas evidenciou a política privatizadora de jorrar lucros para acionistas em detrimento dos investimentos necessários para que as torneiras jorrassem água. Mas o preço agora pode sair alto.

Da mesma forma, a reeleição folgada de Alckmin pode vir a ter um gosto amargo: o PSDB conseguiu evitar a batalha do segundo turno, mas não será tão fácil evitar a batalha das ruas. Já começaram a aparecer os primeiros sinais da Revolta da Água. Campinas, Itu e caminhões-pipa escoltados servem para acordar os incrédulos. Se alguém quer conhecer os limites da paciência do povo, deixe uma família sem água por dias a fio.

Emblemático será ver a PM de São Paulo tentar reprimir a indignação popular com os quatro caminhões blindados com canhões de água adquiridos no ano passado por R$ 1,8 milhão cada. Pode ser a gota d'água.

[23.10.2014]

O Rio de Janeiro continua lindo?

As incontáveis belezas do Rio de Janeiro já renderam à capital fluminense o apelido de Cidade Maravilhosa. O samba, os morros, as praias, a ginga e o charme fizeram do Rio objeto de atração no mundo todo.

Mas numa sociedade em que o lucro está acima de todo o resto, a beleza pode ser algo perigoso. Guardar belezas naturais e históricas significa, para uma cidade, tornar-se alvo de investimentos selvagens e remodelações urbanas.

Não bastasse a Copa, que produziu exclusão territorial e especulação imobiliária em doze cidades brasileiras, o Rio ainda terá as Olimpíadas de 2016.

O preço é alto. O Rio de Janeiro tem registrado o maior índice de valorização imobiliária entre todas as cidades incluídas nas estatísticas da Fipe/Zap. Nos últimos seis anos, a valorização média do metro quadrado atingiu 262%. Os aluguéis também dispararam, subindo 143% no mesmo período.

Isso produz um quadro social desastroso para os mais pobres. Impossibilitados de pagar aluguel, milhares de trabalhadores são expulsos para periferias mais distantes. Outros – tratados como pedras no meio do caminho – são violentamente despejados. Agravam-se com isso os problemas de infraestrutura, acesso a serviços públicos e mobilidade urbana. E criam-se novos sem-teto.

Os números mostram. O déficit habitacional na região metropolitana do Rio de Janeiro aumentou mais de 10% apenas entre 2011 e 2012, último dado disponível, chegando a 331 mil famílias. Esse aumento, segundo a Fundação João Pinheiro, foi impulsionado pelo crescimento dos aluguéis.

É evidente que não foram a Copa nem as Olimpíadas que criaram a especulação imobiliária. Mas não há dúvidas de que a potencializaram bastante. Geraram condições favoráveis para uma série de intervenções urbanas que têm efeitos de gentrificação. O Porto Maravilha é uma delas.

A Prefeitura do Rio entregou para três empreiteiras, através de uma Parceria Público-Privada (PPP), uma área de 5 milhões de metros quadrados para "revitalizarem" a região portuária. Serão erguidos complexos hoteleiros e empresariais. A revitalização certamente não foi feita para os mais de 30 mil moradores da região. Muitos não conseguirão manter-se por lá.

Desse mesmo pacote fazem parte as Unidades de Polícia Pacificadora (UPPs), implantadas seletivamente para valorizar bairros e construir um corredor de segurança aos megaprojetos. Aliás, as UPPs funcionaram como vetor de especulação imobiliária nas próprias favelas. Onde já se viu, elitização da favela! Pois é, na zona sul do Rio há moradores sendo expulsos das favelas por não poderem mais arcar com o aluguel. Símbolo desse processo é a favela do Vidigal, onde já adquiriram casas gente como David Beckham e uma produtora de Hollywood.

Para aqueles que defendiam as UPPs a partir do viés da segurança para os moradores, o nome Amarildo – pedreiro assassinado na UPP da Rocinha – parece ser uma resposta suficiente. Ou então, o dançarino DG, assassinado pela UPP do Pavão-Pavãozinho. Ou ainda outros tantos Amarildos anônimos que sofrem diariamente a violência policial nas favelas cariocas "pacificadas".

Aliás, para os coxinhas que têm pedido intervenção militar no Brasil, seria mais recomendável do que suas ridículas manifestações irem viver no Complexo da Maré, que está sob ocupação militar do Exército desde 5 de abril, com inúmeras denúncias de abusos e violência contra seus 130 mil moradores. Lá a ditadura militar já voltou.

Pois é, a Cidade Maravilhosa tornou-se um barril de pólvora. A elitização de certas regiões, combinada com a expulsão higienista dos mais pobres, produz um cenário desolador. Mas, como não poderia deixar de ser, gera também resistência popular.

O aumento dos aluguéis e a falta de moradia têm fomentado ocupações em várias capitais brasileiras, como São Paulo, Belo Horizonte e Porto Alegre. No Rio tivemos neste ano uma ocupação com milhares de famílias no Engenho Novo, conhecida como Favela da Telerj.

Na semana passada nasceu mais uma, em São Gonçalo, batizada de Zumbi dos Palmares. A ocupação, organizada pelo MTST, começou com duzentas famílias. Em cinco dias, triplicou. O nome disso é barril de pólvora. A ferida está aberta.

Vale mencionar que São Gonçalo, cidade na região metropolitana com 1 milhão de habitantes, tem recebido muitos expulsos pela especulação no Rio. E de quebra ainda sofre os efeitos especulativos de outro megaprojeto, o Comperj[1], sediado na vizinha Itaboraí.

Há 44 mil pessoas cadastradas no Minha Casa Minha Vida no município. E até agora foram construídas apenas 720 moradias pelo programa.

O que esperar desse povo sofrido? Que aguarde eternamente nas filas habitacionais? Que continue sendo expulso para os rincões mais afastados? Que assista passivamente à negação de seu direito à cidade?

Mesmo aqueles que declaram seu amor incondicional pelo direito à propriedade, se lhes resta algum bom senso, precisam reconhecer as legítimas razões da resistência desse povo. É questão de sobrevivência, meus caros.

Afinal, Cidade Maravilhosa para quem?

[06.11.2014]

---

[1] Comperj é a sigla para o Complexo Petroquímico do Rio de Janeiro, que está sendo construído pela Petrobras.

63 dias de luta

O ano de 2014 chegou ao fim. Foi um ano de amplas mobilizações populares e de polarização do debate político. Aqueles que achavam que o ciclo aberto em junho de 2013 havia se fechado melancolicamente tiveram motivos para rever suas análises.

Foi o ano de importantes lutas contra os efeitos antipopulares da Copa do Mundo no Brasil. Foi o ano das eleições presidenciais mais acirradas desde 1989. Foi também o ano em que a direita – assanhada desde 2013 – resolveu ir às ruas em defesa de suas pautas. Acabou-se definitivamente a calmaria do pacto social lulista.

Em 2014 novos personagens entraram em cena. E velhos temas, como o direito à moradia e a Reforma Urbana, foram recolocados na pauta política. Em grande medida, isso se deveu ao ritmo intenso de lutas protagonizadas pelo Movimento dos Trabalhadores Sem-Teto (MTST). No ano, foram 63 mobilizações apenas em São Paulo. Exatamente: 63.

Isso sem mencionar lutas importantes em outras unidades federativas, como Rio de Janeiro, Distrito Federal ou Ceará. E, também, mobilizações de outros movimentos de moradia por aqui, como a Frente de Luta por Moradia (FLM), a Central de Movimentos Populares (CMP) e a União Nacional por Moradia Popular (UNMP), bastante ativos no ano.

Esse calendário intenso de lutas, somado às inúmeras ocupações de terrenos e prédios ociosos, foi capaz de dar visibilidade ao drama de milhões de trabalhadores das periferias urbanas do país. Famílias inteiras que nos últimos anos foram sentindo o orçamento doméstico ser esganado pela valorização do aluguel ganharam voz. E foram à luta para recuperar o que a especulação imobiliária lhes tomou.

Embora os preços, por conta da crise, estejam começando a se estabilizar, o aumento acumulado dos últimos anos é brutal. Em São Paulo, a média foi de 97% de aumento do aluguel em seis anos, segundo o índice Fipe/Zap. Isso significou a expulsão dos mais pobres para periferias ainda mais distantes e a piora da qualidade de vida.

Em 2014, as mobilizações dos trabalhadores sem teto deram expressão política a esse problema. Dentre as 63 manifestações alternaram-se variados motes, mas não a proposta política de dar voz aos sem-voz. Variações do mesmo tema sem sair do tom, como diz a música. Algumas merecem ser relembradas.

No período que precedeu a Copa, o MTST organizou grandes manifestações em São Paulo, que chegaram a reunir até 25 mil pessoas. O foco era a denúncia do impacto das obras sobre os mais pobres, da transferência abusiva de recursos públicos às empreiteiras e da ausência de contrapartidas populares. Nessa jornada foram nove mobilizações, incluindo a ocupação da sede de grandes empreiteiras e uma marcha de milhares até o Itaquerão poucos dias antes da abertura do estádio.

Ao final, o movimento obteve algumas importantes conquistas. Foi instituída uma comissão federal para prevenção de despejos forçados, que assegurou alterações pontuais no programa Minha Casa Minha Vida. Além disso, ela definiu a compra do terreno da Ocupação Copa do Povo para empreender 2.650 moradias populares.

Outra grande batalha do ano foi a aprovação do Plano Diretor de São Paulo. Foram nada menos que oito atos na Câmara Municipal, além de um acampamento de uma semana, que só se encerrou com a aprovação do plano. Esse embate logrou garantir avanços significativos no texto final, como a duplicação das áreas reservadas para moradia popular e o fortalecimento de mecanismos para taxar e desapropriar terrenos ociosos usados para especulação.

Cabe ainda destacar as lutas do movimento que foram além do tema da moradia. E não foram poucas: os "rolezões" contra o racismo dos shoppings, a ocupação das operadoras de telefonia, uma grande marcha até a Sabesp contra o racionamento seletivo nas periferias, atos por saúde pública, contra a violência policial e uma marcha de 20 mil pessoas "Contra a direita, por mais direitos", cobrando reformas populares no país.

Um fenômeno notável. Em um ano, 63 mobilizações mostram o vigor de um movimento social. Mas, acima de tudo, expressam as contradições pulsantes do desenvolvimento urbano brasileiro. Não é possível mais ignorar a necessidade de uma Reforma Urbana profunda no país. Insistir em tratar o tema das ocupações e das lutas dos sem-teto à base de criminalização e pancada só intensificará ainda mais essas lutas.

Terminamos 2014 com uma sociedade muito mais mobilizada. Tanto entre os movimentos populares quanto nos setores médios. Tanto à direita quanto à esquerda. No campo popular e de esquerda, 2014 foi marcado por ocupações, mobilizações e importantes greves.

E que greves! Os metroviários pararam São Paulo às vésperas da Copa. Os professores municipais e os docentes e funcionários das universidades paulistas fizeram longas greves. Motoristas e cobradores se mobilizaram em várias capitais. Os garis do Rio de Janeiro deram exemplo de organização em pleno Carnaval.

À direita, além das reedições da Marcha da Família na avenida Paulista, 2014 nos reservou o insólito espetáculo do surgimento da militância pelo superávit primário. O "novo ativismo", supostamente preocupado com o país e contra a corrupção, vai ao Congresso defender os interesses dos bancos. Com Lobão à frente!

Bem, para um lado ou para o outro, o fato é que o caldeirão foi destampado. Que venha 2015, e tudo indica que virá trazendo grandes embates na política e nas ruas.

[11.12.2014]

Indicar Kassab é brincar com fogo

A crise urbana no Brasil é uma ferida aberta. Após a urbanização acelerada da segunda metade do século XX, o país tem hoje 85% de sua população nas cidades. Cidades segregadas e marcadas por problemas explosivos como a habitação, a mobilidade, o saneamento básico e a oferta de serviços públicos. Há tempos, desde a década de 1980, movimentos populares e urbanistas têm defendido uma profunda Reforma Urbana para lidar com essa crise.

Em 2003, quando Lula criou o Ministério das Cidades, acendeu-se uma esperança de que enfim haveria uma política de Reforma Urbana no Brasil. Esperança que foi alimentada com a indicação de Olívio Dutra (PT) como ministro e de gente comprometida com o direito à cidade – como Ermínia Maricato e Raquel Rolnik – em sua equipe.

Não tardou, porém, para a esperança converter-se em desilusão. Em 2005, enfraquecido por denúncias de corrupção e em nome da tal "governabilidade", Lula entregou o Ministério para o Partido Progressista (PP), de Paulo Maluf. Desde então, há dez anos, essa turma permanece encastelada por lá.

Como disse o urbanista Nabil Bonduki[1], foram dez anos de desarticulação da política urbana. Foram dez anos de crescimento do investimento público nas cidades – especialmente em habitação –, mas também de crescimento da especulação

---

[1] Nabil Bonduki, "Uma nova estratégia para as cidades", *Folha de S.Paulo*, Tendências/Debates, 12 dez. 2014. Disponível em: <http://www1.folha.uol.com.br/opiniao/2014/12/1561200-nabil-bonduki-uma-nova-estrategia-para-as-cidades.shtml>.

imobiliária, de aprofundamento do caos da mobilidade e da desigualdade expressa na ampliação das periferias.

A crise urbana agravou-se. A política de incentivo à indústria automobilística e ao transporte individual ajudou a economia a crescer, mas levou as cidades ao colapso da mobilidade. A política de crédito barato para o setor da construção civil gerou empregos e lucros recordes para as construtoras e incorporadoras, mas produziu uma especulação imobiliária proibitiva. Em São Paulo e Rio de Janeiro, megalópoles que são termômetros do Brasil urbano, o aumento médio do valor da terra foi de 215% e 262%, respectivamente.

Milhões de trabalhadores mais pobres tiveram suas economias espoliadas pelo aumento dos aluguéis. A voracidade do mercado imobiliário produziu ainda centenas de despejos e remoções a cada ano. As remodelações urbanas para a Copa e para a Olimpíada pioraram ainda mais esse cenário, o que mostra que já passou da hora de combatermos a ideologia do crescimento econômico como um bem em si mesmo. Tem e sempre teve efeitos colaterais perversos para os mais pobres. Boa parte desses efeitos, no caso do recente ciclo de crescimento, concentrou-se nas cidades.

E o Ministério das Cidades? Além de não promover nenhuma grande política urbana articulada, nem sequer estabeleceu contratendências para lidar com a crise das cidades. Assistiu sem reagir à perda da capacidade do poder público em planejar e implementar políticas urbanas, diante do avanço incontrolado do setor imobiliário e da construção. Deixou o Estatuto das Cidades, aprovado em 2001, bem guardado no fundo de alguma gaveta ministerial.

Empoderadas pela liquidez do crédito público e pela força política decorrente do financiamento de campanhas eleitorais, as construtoras definiram os rumos do crescimento das grandes cidades e impuseram seu planejamento. Planejamento baseado na rentabilidade dos investimentos, tratando a cidade como mero ativo financeiro. Evidentemente: essa é a lógica do setor privado. O que não é aceitável é que o Estado permita que essa lógica prevaleça sobre o interesse social das maiorias.

Poderiam retrucar mostrando o Minha Casa Minha Vida. Mas infelizmente, apesar do avanço na questão do subsídio, esse programa atuou reforçando a lógica do mercado e da segregação. Suas moradias estão essencialmente em regiões periféricas, e seu agente principal de execução e projeto continua sendo as construtoras.

Assim, o balanço do Ministério das Cidades, em termos de promover o direito à cidade, é catastrófico. A política urbana está cada vez mais privatizada. As cidades brasileiras são barris de pólvora. Já está claro o quanto é essencial e urgente a abertura de um debate sobre mudanças, comprometido com um projeto de Reforma Urbana estrutural e popular. E, além disso, entender que isso significa enfrentar interesses poderosos de quem hoje lucra com este modelo de cidade.

Mas há quem insiste em confundir mudança com marcha à ré. Propor, sugerir ou especular sobre o nome de Gilberto Kassab para assumir o Ministério das Cidades é uma provocação. Uma provocação às mobilizações de junho de 2013 que nasceram em torno do tema da mobilidade. Uma provocação às mobilizações que em 2014 denunciaram os efeitos urbanos impopulares da Copa. É uma provocação a todos aqueles que lutam por cidades mais democráticas e menos fascistas.

Kassab, tal como Kátia Abreu, é um símbolo de políticas antipopulares. Ela no campo, ele na cidade. Foi o prefeito do mercado imobiliário, do favorecimento às empreiteiras e que engavetou o Plano Diretor de São Paulo por seis anos. Sua gestão foi marcada pelo *boom* dos incêndios criminosos em favelas e por despejos ilegais e violentos. O Ministério das Cidades já não atua pela Reforma Urbana, mas pode tornar-se agora promotor ativo da contrarreforma urbana.

Se indicar Kassab[2], Dilma demonstrará que não aprendeu as lições das mobilizações urbanas dos últimos anos. E, no contexto explosivo de nossas cidades, estará verdadeiramente brincando com fogo.

[18.12.2014]

---

[2] Alguns dias depois da publicação deste artigo, Dilma de fato indicou Kassab como Ministro das Cidades.

Quando, como e onde?

A presidenta Dilma Rousseff anunciou em seu discurso de posse a meta de financiar 3 milhões de moradias populares na nova etapa do programa Minha Casa Minha Vida. Até aí, nada de novo. O anúncio do Minha Casa Minha Vida 3 já havia sido feito seis meses antes, em julho, com a mesma meta.

As questões são: quando, como e onde?

Quando serão liberados pelo Tesouro os aportes da terceira etapa para a Caixa Econômica Federal é uma incógnita. Principalmente pelas atitudes de uma equipe econômica que só sinaliza arrocho e nada de investimentos.

A meta de corte de R$ 66 bilhões apresentada por Joaquim Mãos-de-Tesoura para o sagrado superávit primário não é algo sem consequências. Corresponde a quase 1 milhão de moradias populares na faixa 1 do programa. Sem mencionar o fato de que obras da segunda fase tiveram atrasos de pagamento em todo o Brasil no fim de 2014 e muitas continuam atrasadas.

Nesse cenário, é difícil dizer quando a nova meta de moradias passará do discurso à realização. Outra questão é como será o desenho do programa em sua terceira fase.

As duas primeiras etapas do Minha Casa Minha Vida tiveram pontos importantes: subsídio massivo para as famílias com renda inferior a R$ 1.600 (faixa 1), que não se enquadram nas regras do crédito imobiliário, e foco nesta faixa de renda a partir da segunda etapa, passando a representar 52% do total das moradias entregues.

Mas também tiveram vícios que tornam indisfarçável o objetivo-mestre do programa de injetar liquidez no setor da construção civil.

O tamanho das moradias é um deles. A Caixa paga às construtoras um valor fixo por cada unidade habitacional, que nas regiões metropolitanas é de

R$ 76 mil para a faixa 1. E estabelece um mínimo de 39 m² para a casa. Se a empresa construir 39 m² receberá os R$ 76 mil, se fizer 60 m² receberá os mesmos R$ 76 mil.

Não é preciso conhecer muito a lógica de mercado para compreender que este mecanismo estimula casas menores. O tamanho e a qualidade são sacrificados para o aumento do lucro das empresas.

O MTST apresentou à presidenta uma proposta para estimular a construção de moradias maiores no Minha Casa Minha Vida 3, estabelecendo valores variáveis conforme o tamanho das moradias, além do aumento no tamanho mínimo. Isso significaria um maior controle da margem de lucro das empresas e um ganho importante para a qualidade das moradias.

Outro ponto – que toca no mesmo problema da lógica empresarial – é a gestão dos empreendimentos. A gestão direta do projeto e da obra pelos futuros beneficiários demonstrou potenciais indiscutíveis.

A modalidade Entidades do programa é a responsável pelos maiores e melhores apartamentos, com os mesmos valores pagos às construtoras. A matemática é simples: o que seria destinado ao lucro é convertido na própria obra. No entanto representou até aqui menos de 2% das moradias contratadas. Recebe menos recursos e sofre travas burocráticas dignas de um romance kafkiano.

Por fim, o onde. Embora seja o maior programa de habitação popular da história do Brasil, o Minha Casa Minha Vida reproduz o modelo da cidade do *apartheid*. A dinâmica imobiliária sempre empurrou os mais pobres para as periferias. Ao invés de fazer o contraponto, o programa tem reforçado esse movimento excludente.

Quem define os terrenos que serão disponibilizados são as construtoras. E, tal como no caso do tamanho, a Caixa paga um valor fixo independente da localização. O resultado é previsível: as construtoras usam seus piores terrenos e proliferam-se condomínios-guetos nos fundões urbanos.

Enfrentar esse problema significa inserir o Minha Casa Minha Vida numa política urbana mais ampla. Controlar a especulação imobiliária, fazendo valer o Estatuto das Cidades e taxando progressivamente áreas ociosas e subutilizadas. Desenvolver uma política nacional de desapropriação de terrenos e edifícios urbanos ociosos, especialmente nas regiões centrais. Enfim, estimular a construção de moradias populares em regiões com maior infraestrutura, serviços e oferta de emprego.

Aliás, a especulação imobiliária sabota os próprios efeitos quantitativos do programa. Mesmo com o Minha Casa Minha Vida, o déficit habitacional cresce de forma consistente nas principais metrópoles do país. O ritmo de produção de novos sem-teto – pelo aumento de valor dos aluguéis – é maior que o de construção de novas casas.

O Minha Casa Minha Vida 3 está diante deste dilema. Ou se confirma como um programa de estímulo econômico à construção civil e aprofunda a crise urbana ou enfrenta com coragem o problema habitacional através de uma política de Reforma Urbana com participação popular. Tudo indica, pelas movimentações do governo Dilma, que essa decisão já está tomada. E será mais do mesmo para atender ao setor imobiliário.

[08.01.2015]

Os donos do transporte em São Paulo

O novo reajuste das tarifas de ônibus, metrô e trem em São Paulo recolocou na agenda o tema do transporte público. As manifestações contra o aumento têm demonstrado vigor logo no início deste ano de 2015. O prefeito Fernando Haddad (PT) justificou que não poderia aumentar subsídios para arcar com os custos do sistema. O governador Geraldo Alckmin (PSDB) – que também aumentou a tarifa do metrô, trens e ônibus intermunicipais – nem justificativa deu, até porque nele nada cola.

A questão dos custos do sistema não é apenas técnica, é também política. A CPI aberta na Câmara Municipal de São Paulo após as mobilizações de 2013 concluiu que as empresas estabelecem os custos por estimativa – naturalmente aumentados para arrancar mais subsídios públicos –, além de obterem aditivos indevidos.

A auditoria realizada nas planilhas das viações apontou ainda uma série de irregularidades. A principal delas, as viagens programadas e não realizadas, representa cerca de R$ 1 milhão por dia de sobrelucro. A auditoria também constatou que os lucros na operação do sistema estão acima da média de mercado. Os empresários descumprem contratos e fraudam planilhas para pressionar o aumento da tarifa.

Além disso, os controladores do transporte em São Paulo colecionam histórias mal contadas, formação de cartéis e extensas fichas criminais.

O maior empresário de ônibus da cidade é José Ruas Vaz, também conhecido como "barão do asfalto" ou "papa das catracas". É o fundador e dono do Grupo Ruas, que controla nada menos que 53% da frota e recebe 56% dos repasses públicos. Controla também o transporte em Guarulhos e outras cidades da região metropolitana.

É um homem de vários negócios, curiosamente inter-relacionados. É sócio do consórcio que administra a publicidade nos pontos de ônibus e dono da Caio

Induscar, que fornece carrocerias de ônibus para suas próprias empresas e para os concorrentes – se é que se pode falar em concorrência num ramo tão monopolizado.

O Grupo Ruas também é conhecido pela prática de falir empresas endividadas e recriá-las com novo nome para dificultar a cobrança de suas dívidas. Em 2013 somava nada menos que 242 processos de execução fiscal. Só com contribuição previdenciária ao INSS sua dívida chegou a ultrapassar R$ 750 milhões.

Outra figura forte no ramo é Belarmino Marta, dono do Grupo Belarmino, com mais de vinte empresas que controlam o transporte em várias cidades paulistas, além de abocanhar parte da capital.

Ao lado de Ruas, Belarmino é sócio-proprietário de várias concessionárias da Mercedes Benz, que fornece 65% dos ônibus da cidade. O diretor comercial da Mercedes, convocado para depor na CPI do transporte, soltou a seguinte pérola: "Eles realizam a venda de chassis de ônibus e micro-ônibus para eles mesmos". Espertinhos, não?

O triunvirato é completado pelo grupo da família Saraiva, que controla também o transporte em várias cidades e tem a presidência do Conselho Metropolitano de Transportes de São Paulo, que reúne 45 empresas do ramo.

Fica evidente o nível de cartelização e malandragem no setor. Transparência zero. Fazem da concessão pública um mecanismo de extorsão da sociedade. É essa turma que tem supremacia no transporte público da maior cidade do país. Mas um dia a casa cai. O filho de Belarmino foi preso em 2011 por formação de cartel no setor do transporte urbano de Campinas, após uma investigação do Gaeco.

A tarifa pode e deve baixar. De onde cortar? Do lucro dos empresários. E isso deve vir junto com uma mudança profunda na gestão do transporte urbano. A criação de uma empresa pública de transportes que faça a gestão direta do sistema é uma decisão urgente e necessária.

Rentabilidade não combina com qualidade. Um sistema de transporte voltado para o lucro onera os usuários com ônibus lotados e tarifas elevadas. Um exemplo disso é a bizarrice de pagar as viações por número de passageiros transportados e não por quilômetros rodados. Ou seja, trata-se de carregar mais gente com menos custo. O resultado é a superlotação.

A mobilização popular e o novo edital dos contratos de transporte previsto para este ano de 2015 representam uma oportunidade de enfrentar essa lógica e passar a tratar o transporte público como um direito. Resta saber se haverá coragem.

[22.01.2015]

Gota d'água

O governo estadual e a maior parte da mídia têm presenteado a população de São Paulo com uma verdadeira seca de informação. O ufanismo após as chuvas de fevereiro, com direito a declarações do governador de que "não há previsão de rodízio", ocultam uma situação alarmante.

Todos sabem que o período de chuvas se encerra em março e só é retomado no fim do ano. Por isso, os reservatórios têm de chegar a março num nível elevado para sustentar os meses de estiagem.

Se compararmos os níveis atuais com os de um ano atrás temos o seguinte: o Cantareira estava com 16,9% de sua capacidade, hoje está com -18,4%; o Guarapiranga estava com 63%, hoje está com 58%; e o Alto Tietê estava com 37,8%, hoje está com 18,3%.

Ou seja, em 2015, para enfrentar os meses secos, teremos muito menos água que no ano anterior. Vale uma menção ao caso do Cantareira, de longe o maior dos reservatórios. O governo e a mídia falam que seu nível está hoje em 10,8%. Ignoram solenemente que já estamos na segunda cota do volume morto.

As duas cotas representam 29,2% do reservatório, isto é, um volume de água subterrâneo, abaixo do 0% da represa. Se temos 10,8% da segunda cota, o nível real do reservatório continua negativo, em -18,4%. Fica a escolha, se o problema é de matemática ou de transparência informativa.

Discutir se haverá ou não racionamento é o mesmo que discutir se o Brasil perderá a Copa de 2014. É fato consumado. O racionamento – ou rodízio, como queiram – já ocorre há mais de um ano e afeta especialmente as regiões mais pobres de São Paulo. A tendência, dado o nível dos reservatórios, é que se agrave e tenha de ser oficializado nos próximos meses.

Vamos conferir alguns relatos de moradores das periferias da capital e região metropolitana: Jardim Cerejeiras e Jacira (quatro dias sem água, para dois com água); Jardim Valo Verde, em Embu das Artes (três dias sem, para um com); Jardim Ingá e Parque Novo Santo Amaro (dois dias sem, para um com); Vila Calu (água apenas das 2 horas às 6 horas da manhã); Cidade Tiradentes (água apenas das 6 horas às 13 horas).

"Não há previsão de rodízio", governador?

Ora, mesmo em bairros centrais, o fornecimento está sendo cortado durante algumas horas do dia. A diferença é que condomínios e casas mais estruturadas costumam ter caixas d'água maiores, o que faz com que os cortes sejam pouco sentidos.

Problema não menos grave é o da qualidade da água. Em muitos lugares é frequente sair da torneira uma água barrenta, ou então esbranquiçada pelo excesso de cloro. É difícil encontrar quem ainda confie em beber água da Sabesp. Talvez a velhinha de Taubaté. As declarações sobre o uso da água da Billings – pouco claras até agora – podem piorar ainda mais a situação.

Mas na Sabesp não é só a água que precisa ser mais transparente. De um lado, pede economia à população e multa quem consome mais. De outro, mantém contratos fechados com empresas (os chamados contratos de demanda firme) em que quanto mais se consome, menos se paga.

Nesses contratos, a empresa que consumir até 1 milhão de litros/mês pagará R$ 11,67 para cada mil litros. Já se consumir mais de 40 milhões de litros/mês irá pagar R$ 7,72 para cada mil litros. Estão neles shoppings, clubes, a Nestlé, a Rede Globo e bancos como Bradesco e HSBC. O desperdício é premiado para as grandes empresas e multado aos consumidores residenciais.

E o problema é que você escova os dentes com a torneira aberta...

Neste cenário de colapso iminente, racionamento seletivo, água de má qualidade e privilégios a empresas privadas, a Sabesp resolveu testar a passividade dos paulistas anunciando um novo reajuste na tarifa. Vale lembrar que a gota d'água para a explosão da maior revolta popular sobre o tema – a Guerra da Água, na Bolívia – foi justamente um reajuste tarifário abusivo. É verdade que por aqui a síndrome de Estocolmo é quase uma epidemia, e talvez não cheguemos tão longe. Mas também é verdade que a paciência de muitos já está para lá do volume morto.

A evolução da mobilização social pela água nos próximos meses dependerá, em grande medida, da postura do governo do Estado. Se continuar negando o óbvio, atuando sem transparência e punindo o povo pela crise, poderá criar as condições para uma revolta popular sem precedentes em São Paulo.

[26.02.2015]

Cidade de loucos

Barulho, trânsito, ritmo acelerado, violência. São Paulo é uma cidade de loucos. Literalmente. Um estudo publicado em 2012, que faz parte de uma pesquisa internacional da Organização Mundial da Saúde (OMS), revelou que São Paulo é a cidade com maior índice de transtornos mentais em todo o mundo[1].

A pesquisa reuniu dados de 24 países. O estudo feito em São Paulo foi coordenado por Laura Helena Andrade, do Instituto de Psiquiatria do Hospital das Clínicas, e envolveu casos dos 39 municípios da região metropolitana. O resultado foi que 29,6% dos paulistanos relataram transtornos mentais nos doze meses anteriores. Quando se considera aqueles que tiveram algum transtorno mental durante a vida, o número sobe para 44,8%[2].

É alarmante. Entre os problemas relatados, destacaram-se a ansiedade (19,9% dos entrevistados) e a depressão (11% dos entrevistados). Sobressaíram-se também o abuso de substâncias químicas e os assim chamados transtornos de controle de impulso. Dados como esses reforçam a perspectiva de considerar uma série de sofrimentos psicopatológicos contemporâneos como sintomas sociais, particularmente na vida urbana das grandes metrópoles.

Um estudo mais recente, de 2015, coordenado por Paulo Rossi Menezes, apontou a correlação da ansiedade e, principalmente, da depressão com a

---

[1] Fábio de Castro, "Grande São Paulo tem alta prevalência de transtornos mentais", *Agência Fapesp*, 27 fev. 2012. Disponível em: <http://agencia.fapesp.br/grande_sao_paulo_tem_alta_prevalencia_de_transtornos_mentais/15215/>.

[2] Idem, "Mapa global da depressão", *Agência Fapesp*, 26 jul. 2011. Disponível em: <http://agencia.fapesp.br/mapa_global_da_depressao/14229/>.

exposição à violência no trabalho, analisando o caso de profissionais de saúde da família[3].

A psicanalista Maria Rita Kehl, em seu livro *O tempo e o cão*[4], buscou interpretar as depressões a partir dessa dinâmica social. É uma abordagem cada vez mais forte para explicar a epidemia de depressão e ansiedade no mundo inteiro.

É evidente que o aumento dos diagnósticos de depressão também pode revelar um interesse de outra ordem. A avaliação é feita muitas vezes com pouco critério, levando a uma medicalização da tristeza e do sofrimento, partes indeléveis da vida. E certamente um diagnóstico amplo demais é interessante para a indústria farmacêutica e seus sempre novos antidepressivos.

Contudo, para além disso, o aumento dos casos de depressão no mundo, sobretudo nas grandes cidades, é um fato inquestionável. O mesmo vale para a ansiedade e outras patologias psíquicas, como bulimia, anorexia e insônia. A relação da bulimia e da anorexia com as exigências sociais contemporâneas é mais clara. O capitalismo estabeleceu, por meio da publicidade, um padrão de beleza – especialmente para as mulheres – e construiu uma exigência social de enquadramento estético nesse padrão. No entanto, podemos encontrar algo parecido no que tange ao padrão de felicidade, associado ao consumo. Quanto maior a possibilidade de consumo, maior a realização. É a máxima do "consumo, logo existo". Todos devem consumir – os produtos estão nas vitrines, na TV, em toda parte –, mas nem todos podem. Aí entram em cena a frustração, o fracasso: portas abertas para a depressão.

Nas metrópoles, a festa do consumo é mais intensa. As exigências são mais presentes, o ritmo é acelerado. Não há tempo para parar nem para pensar. Nem mesmo para comer, como mostram os *fast-foods*. Só há tempo para o trabalho e para o consumo. De resto, várias atividades ao mesmo tempo, caminhando e clicando. Como não relacionar essa temporalidade alucinante com a ansiedade? Kehl a associa também à própria depressão: os depressivos seriam aqueles que não conseguem adaptar-se a esse ritmo e reagem com um tempo que não passa.

As grandes cidades são também, cada vez mais, multidões de solitários. Nunca estivemos tão isolados no meio de tanta gente. Nas aglomerações urbanas pre-

---

[3] José Tadeu Arantes, "Exposição à violência no trabalho pode causar depressão em profissionais de saúde", *Agência Fapesp*, 2 abr. 2015. Disponível em: <http://agencia.fapesp.br/exposicao_a_violencia_no_trabalho_pode_causar_depressao_em_profissionais_de_saude_/20923/>.

[4] Maria Rita Kehl, *O tempo e o cão: a atualidade das depressões* (São Paulo, Boitempo, 2009).

dominam o anonimato, a falta de contato social e o sentimento de impotência. O sujeito não é ninguém, não é visto nem ouvido. É mais um no rebanho. Essa dessubjetivação, tão presente na vida urbana, compõe o enredo de muitas das narrativas dos deprimidos.

São Paulo é uma fonte privilegiada de tudo isso: exigência de consumo, tempo acelerado, isolamento social. É uma máquina de produzir sofrimento psíquico. Muitos buscam escape no abuso de substâncias químicas (álcool, drogas e medicamentos), que figura dentre os principais sintomas identificados pela pesquisa.

Nesse sentido, a Cracolândia está longe de ser uma ilha de anormalidade em meio a uma cidade equilibrada. Está mais para um retrato fiel dessa máquina de sofrimento e loucura chamada São Paulo.

Estopins

Plínio e as Reformas de Base

Em 8 de julho de 2014, mesmo dia em que a Seleção brasileira sofreu a derrota acachapante para a Alemanha, o país teve uma perda imensamente maior. Morreu Plínio de Arruda Sampaio, um dos maiores símbolos da resistência e da luta popular no Brasil.

Plínio foi um sobrevivente de grandes combates. Defensor ativo das Reformas de Base propostas por Jango, que poderiam ter dado outro rumo ao país, foi cassado e perseguido pelo golpe que as abortou em 1964. Teve a honra de estar na lista dos cem primeiros cidadãos com direito político cassado pelo Ato Institucional número 1 (AI-1).

Figurou nessa lista ao lado de gente como Luiz Carlos Prestes, Francisco Julião (dirigente das Ligas Camponesas) e do próprio Jango, dentre outros grandes nomes que defenderam os interesses populares contra o golpe militar.

Nessa época havia sido o relator do Projeto de Reforma Agrária do governo Jango, uma das grandes reformas preconizadas então. Homem coerente, manteve durante toda a vida esse compromisso fundamental. Com a Reforma Agrária em especial, tendo sido sempre um aliado de primeira hora do MST. Mas também com todas as reformas estruturais que permanecem pendentes até hoje no país.

Da Reforma Urbana, atualmente em voga pelo agravamento das contradições nas cidades, Plínio foi sempre um grande aliado. Visitava frequentemente ocupações do Movimento dos Trabalhadores Sem-Teto (MTST), prestando solidariedade e apoio político. Escreveu inúmeros artigos e fez intervenções na campanha presidencial de 2010 na defesa de uma política de desapropriação de terrenos urbanos ociosos e de investimentos para habitação popular.

Com a notícia de seu falecimento surgiu uma questão: que homenagem nós, dos movimentos populares, poderíamos fazer ao mestre Plínio de Arruda Sampaio?

E a resposta veio, inequívoca. Nossa mais legítima homenagem será aprofundar a luta para a realização do projeto político pelo qual Plínio combateu, como poucos, ao longo de sua trajetória. Aliás, tornando-se mais radical à medida que o tempo passava e desmentindo a ideia de que ninguém permanece de esquerda após os sessenta anos. "Ficar velho não é virar velhaco", disse ele sobre isso.

O projeto é socialista, ele não tinha medo de dizer. Nem nós devemos ter. Projeto que representa um enfrentamento direto com a elite brasileira e seus representantes políticos. Que implica em mudanças estruturais no modo de organização da sociedade.

A defesa das reformas estruturais populares que o capitalismo brasileiro foi e permanece sendo incapaz de realizar precisa voltar à agenda política. Tomemos a agenda das reformas de Jango: agrária, urbana, tributária e política. Haverá programa mais atual do que esse?

A Reforma Urbana é uma demanda gritante diante do caos das metrópoles provocado pelo predomínio do setor imobiliário e de seus interesses privados sobre a política pública de habitação, mobilidade, infraestrutura e serviços. É urgente reverter a lógica de segregação que expande as periferias, jogando milhares em regiões precárias, além de aumentar os deslocamentos urbanos.

Já a Reforma Agrária é condição para enfrentar o atraso no campo brasileiro. A estrutura agrária patrimonialista ainda mantém ociosas muitas terras agricultáveis no país, além de focar a produção do agronegócio em monoculturas para exportação. Isso se evidencia quando analisamos os dados da agricultura familiar no país: mesmo tendo apenas 24% das terras, responde por mais de 70% dos alimentos consumidos no mercado interno. Ou seja, a mudança nessa estrutura produziria imensos ganhos sociais, a começar pelo barateamento do custo dos alimentos para a população.

Por sua vez, a necessidade de uma reforma tributária é evidente quando consideramos que quem ganha menos que dois salários mínimos de renda paga 49% de sua renda em impostos, mas aqueles que ganham mais de trinta salários pagam somente 26%. Ou seja, a estrutura tributária do Brasil é regressiva. Os mais ricos pagam proporcionalmente menos, sem falar da sonegação. Plínio defendia desde os anos 1960 uma Reforma Tributária Progressiva, em que os ricos passem a pagar mais e os pobres, menos. Sistema tributário deve ser também ferramenta de distribuição de renda.

No caso do sistema político, nem é preciso gastar muitas palavras. O descrédito popular é generalizado. O atual sistema político caducou e não representa os anseios populares. Embora não seja suficiente, uma reforma política que acabe com o financiamento privado de campanhas eleitorais é urgente e necessária.

Se somarmos a essas grandes reformas – defendidas pelo velho Plínio há mais de cinquenta anos – temas como o da dívida pública, da democratização dos meios de comunicação e da desmilitarização da segurança pública, todos eles também bandeiras de Plínio, temos as bases de um programa popular e socialista.

Defendê-lo nos debates e nas ruas é a maior homenagem que podemos oferecer ao incansável combatente Plínio de Arruda Sampaio.

[15.07.2014]

A Palestina apagada do mapa

Já passam de 1.200 palestinos mortos na faixa de Gaza desde o dia 8 de julho[1]. Entre eles centenas de crianças. Os bombardeios de Israel não pouparam nem escolas nem hospitais, supostamente "bases para terroristas". Em 30 de julho, atacaram um abrigo da ONU, matando dezenove palestinos. O Comissário da Agência da ONU para os refugiados disse que crianças foram mortas enquanto dormiam. Não satisfeitos, bombardearam também a única usina que fornecia energia elétrica para Gaza.

Às escuras, sem refúgio seguro nem hospitais e com cadáveres espalhados entre os escombros da destruição – esse é o retrato da faixa de Gaza.

É possível uma posição de neutralidade? Só para os hipócritas. Neutralidade perante a barbárie e o genocídio equivale a tomar posição a seu favor. Não há meio termo possível em relação a Israel.

Ricardo Melo, colunista da *Folha de S.Paulo*, teve a coragem de defender que a única solução para a questão é o fim do Estado terrorista de Israel[2]. Foi bombardeado pelos sionistas de plantão e pelos defensores da neutralidade. E, como não poderia deixar de ser, acusado de antissemita.

Um pouco de história faz bem ao debate[3].

---

[1] No total, a ofensiva israelense deixou mais de 2 mil vítimas palestinas entre julho e agosto de 2014.

[2] Ricardo Melo, "Israel é aberração; os judeus, não", *Folha de S.Paulo*, 28 jul. 2014. Disponível em: <http://www1.folha.uol.com.br/colunas/ricardomelo/2014/07/1492075-israel-e-aberracao-os-judeus-nao.shtml>.

[3] O cônsul de Israel dignou-se a responder este artigo e o de Ricardo Melo dizendo que cometi "muitos erros e confusões históricas", sem, no entanto, citar nenhum. Yoel Barnea, "Dois pesos e duas medidas é aberração", *Folha de S.Paulo*, Tendências/Debates, 3 ago. 2014. Disponível em:

O movimento sionista surgiu no final do século XIX, movido pelo apelo religioso de retorno à "Terra Prometida", em referência à colina de Sion em Jerusalém. A proposta era construir colônias judaicas na Palestina, que então já contava com 600 mil habitantes. Ou seja, não se tratava de uma terra despovoada, mas de um povo lá estabelecido há mais de doze séculos.

Nem todos os sionistas defendiam um Estado judeu na Palestina. Havia formas de sionismo cultural ou religioso que reconheciam a legitimidade dos palestinos sobre seu território. Albert Einstein, por exemplo, foi um dos que rechaçou em várias oportunidades o sionismo político, isto é, um Estado religioso na Palestina e contra os palestinos.

No entanto, prevaleceu ao longo dos tempos a posição colonialista. Seu maior representante foi David Ben Gurion, que, diante da natural resistência dos palestinos, organizou as primeiras formas de terrorismo sionista, através dos grupos armados Haganá, Stern e Irgun – este último responsável por um ataque à bomba em um hotel de Jerusalém em 1946.

Os palestinos eram então ampla maioria populacional, com apenas 30% de judeus na Palestina até 1947. Porém, por meio das armas, a partir de 1948 – quando há a proclamação do Estado de Israel – a maioria palestina foi sendo expulsa sistematicamente de seu território. Cerca de metade dos palestinos tornaram-se após 1949 refugiados em países árabes vizinhos, especialmente na Jordânia, na Síria e no Líbano.

A vitória militar dos sionistas só foi possível graças ao contundente apoio militar de países europeus e dos Estados Unidos.

Em 1967, Israel dá o segundo grande golpe. Após o presidente egípcio Abdel Nasser fechar o golfo de Ácaba para os navios israelenses, os sionistas atacam com decisivo apoio norte-americano, quadruplicando seu território em seis dias, tomando inclusive territórios do Egito e da Síria. Dessa forma bélica e imperialista – como corsários dos Estados Unidos – Israel foi formando seu domínio.

Depois de 1967 foram massacres atrás de massacres. Um dos mais cruéis – ao lado do atual – foi no Líbano, em 1982. Após invadir Beirute, as tropas comandadas por Ariel Sharon – que veio a ser primeiro-ministro posteriormente – cercaram os campos de refugiados palestinos em Sabra e Chatilla e entregaram milhares de palestinos ao ódio de milicianos da Falange Libanesa. Após trinta

<http://www1.folha.uol.com.br/opiniao/2014/08/1494740-yoel-barnea-dois-pesos-e-duas-medidas-e-aberracao.shtml>.

horas ininterruptas de massacre, foram 2.400 mortos (de acordo com a Cruz Vermelha) e centenas de torturados, estuprados e mutilados – incluindo, evidentemente, crianças, mulheres e idosos.

Hoje há 4,5 milhões de refugiados palestinos segundo a ONU. Esse número só tende a aumentar, pela política higienista de Israel.

Caminhamos neste momento em Gaza para o maior genocídio do século XXI. E há os que insistem no cínico argumento do direito à autodefesa de Israel. Quem ao longo da história sempre atacou agora vem falar em defesa?

Tudo isso perante a passividade complacente da maior parte dos líderes políticos do mundo. O Brasil limitou-se a chamar o embaixador para esclarecimentos. Foi chamado de "anão diplomático" pelo governo de Israel e nada respondeu. Romper relações políticas e econômicas com Israel é uma atitude urgente e de ordem humanitária.

A hipocrisia chega ao máximo quando acusa os críticos do terrorismo israelense de antissemitas. O antissemitismo, assim como todas as formas de ódio racial, religioso e étnico, deve ser veementemente condenado. Agora, utilizar o antissemitismo ou o execrável genocídio nazista aos judeus como argumento para continuar massacrando os palestinos é inaceitável.

É uma inversão de valores. Ou melhor, é a história contada pelos vencedores. Como disse certa vez Robert McNamara, secretário de Defesa dos Estados Unidos durante a Guerra do Vietnã, se o Japão vencesse a Segunda Guerra, Roosevelt seria condenado por crimes de guerra contra a humanidade e não condecorado com títulos e bustos pelo mundo. A história é contada pelos vencedores.

É possível que Benjamin Netanyahu, comandante do massacre em Gaza, ainda receba o Prêmio Nobel da Paz. E que os palestinos, após desaparecerem do mapa, passem para a história como um povo bárbaro e terrorista.

[31.07.2014]

Corruptos e corruptores

Se há um tema que não sai da pauta nacional é o da corrupção. Escândalos se sucedem e bodes expiatórios são criados um após o outro para acalmar os ânimos. A mídia denuncia, o público pede cabeças e vez ou outra alguma vai para a guilhotina. Nesse circo contínuo se alimenta a descrença do povo na política institucional.

Descrença, é verdade, que tem bases legítimas na história e no caráter do Estado brasileiro. Mas o viés que tem assumido leva a caminhos perigosos. "Militares no poder!", "Varre, vassourinha!", "Vamos acabar com essa desordem!". O discurso que tem se fortalecido é o da direita. Não se pode nunca esquecer que a Marcha da Família com Deus, que preparou o golpe militar de 1964, tinha o combate à corrupção como lema.

Isso porque a roda das denúncias midiáticas gira em falso. A corrupção é mostrada no varejo, mas pouco se fala do atacado. A estrutura carcomida do sistema político brasileiro não entra em questão. Acreditar que o vereador ou o deputado que recebe propina é o grande agente da corrupção beira o ridículo. São apenas os varejistas, atores coadjuvantes do processo.

É a mesma lógica de atribuir o problema do narcotráfico ao "aviãozinho" da boca de fumo. O saldo e o mando do negócio milionário das drogas estão bem longe dali. O vereador corrupto é nada mais que o "aviãozinho" do sistema político.

Obviamente não é nenhum coitado e merece ser enxotado da vida pública. Mas a corrupção no atacado é o verdadeiro problema. Estamos falando da apropriação do Estado pelos interesses de uma elite patrimonialista. A captura dos recursos públicos está aí. A burguesia brasileira pede um Estado mínimo e enxuto para o povo, mas desde sempre teve para si um Estado máximo. Privatizar os lucros e socializar o prejuízo, esta é sua diretriz.

Hoje a principal demonstração dessa captura do Estado é o financiamento privado de campanhas eleitorais. É o genuíno berço da corrupção no Brasil.

O mecanismo é simples e vicioso: uma grande empresa, com interesses em algum filão do Estado, financia as campanhas eleitorais dos principais candidatos. O vencedor, por ter sido financiado e desejando novo financiamento dali a quatro anos, favorece os interesses da empresa. Esta, por sua vez, renova suas "doações" nas eleições seguintes. E assim caminha a vida política brasileira.

Os benefícios que a empresa financiadora pode ter são variados. Favorecimento em licitações, aportes complementares que viabilizem o superfaturamento de obras públicas, rolagem de dívidas milionárias com o Estado ou com os bancos públicos etc. Tem negócio para todos os gostos.

Não é à toa que os principais "doadores" de campanha eleitoral no país são as empreiteiras, que também são o setor mais acionado para obras públicas.

Recentemente o portal UOL publicou um levantamento que mostra que dos dez maiores financiadores privados de campanha, sete estão sendo investigados por corrupção[1]. E aí é no atacado: as cifras são de dezenas ou centenas de milhões, quando não de bilhões de reais.

Vamos dar nome aos bois. De acordo com a citada reportagem do UOL, a Camargo Correa, líder no financiamento eleitoral em 2010, é investigada por desvios de R$ 29 milhões na Refinaria de Abreu e Lima. Nessa mesma obra, a Galvão Engenharia é investigada pela bagatela de R$ 70 milhões. A Andrade Gutierrez, vice-líder em 2010, é alvo do TCU por superfaturamento de R$ 86 milhões na Arena Amazônia, além de ser investigada pela participação no cartel fraudulento das licitações do metrô de São Paulo. A JBS Friboi, maior frigorífico do mundo, é objeto de inquérito por fraude em precatórios que pode chegar a R$ 3,5 bilhões.

O conluio entre grandes empresas, partidos e candidatos é o maior câncer da política brasileira. O legítimo pai da corrupção. No Congresso Nacional esse jogo de interesses é escancarado. Dados do Departamento Intersindical de Assessoria Parlamentar (Diap) mostram que quase 50% dos deputados eleitos em 2010 compõem a chamada bancada empresarial.

---

[1] Leandro Prazeres, "Sete dos dez maiores doadores de campanha são suspeitos de corrupção", UOL, 28 jul. 2014. Disponível em: <http://eleicoes.uol.com.br/2014/noticias/2014/07/28/sete-dos-dez-maiores-doadores-de-campanha-sao-suspeitos-de-corrupcao.htm>.

É por isso que o Brasil precisa urgentemente de uma reforma política. Ficar no sofá ou nas redes sociais reclamando da corrupção pode até ter serventia psicológica para quem o faz, mas não tem qualquer consequência prática.

Defender uma reforma política ampla e pautada no fim do financiamento privado das campanhas eleitorais, na revogabilidade dos mandatos e no fortalecimento dos mecanismos de participação popular é apenas dar coerência ao repúdio à corrupção e aos corruptos na política brasileira.

As soluções só podem vir de iniciativas populares. Afinal, não se pode esperar que o Congresso Nacional, verdadeiro balcão de negócios de interesses privados, faça ele próprio uma reforma política que liquide com seus privilégios patrimonialistas.

[28.08.2014]

O neoliberalismo saiu do armário

Quem diria! Mal se passaram seis anos da crise em que as políticas neoliberais afundaram o mundo e os neoliberais já estão aí com todo o vigor. A aposta na mão invisível do mercado e na desregulamentação das finanças quase levou a maior economia do planeta ao colapso em 2008. Os Estados Unidos, a Europa e a economia mundial pagam o preço até hoje.

Não demorou, porém, para que os intelectuais da banca superassem a vergonha e o descrédito, saíssem do armário e recuperassem a autoconfiança para defender a mesma rota de fracasso. Abstraíram 2008 e reaparecem de cara lavada para apresentar as mudanças necessárias na economia brasileira.

Já foi dito que a história se repete primeiro como tragédia e depois como farsa. Neste caso até os personagens são os mesmos. Vejam vocês, Arminio Fraga! As últimas três campanhas presidenciais do PSDB o esconderam a sete chaves, assim como a FHC. Dizem que há lugares do país que quando seu nome é citado as pessoas correm para bater três vezes na madeira. Dá azar. Incrível, mas Aécio Neves teve a coragem de reabilitá-lo. Aquele que quando foi presidente do Banco Central elevou a taxa de juros de 25% para 45%! O homem do arrocho e dos banqueiros. Que foi diretor do Fundo de Investimento de George Soros, símbolo da especulação financeira mundial.

E é o mesmo velho Arminio. Diz agora que os salários subiram muito ultimamente e que a redução de juros nos anos anteriores foi "preocupante". Em entrevista à *Folha de S.Paulo*[1], deixou claro que gostaria de rever as regras do

---

[1] Érica Fraga e Mariana Carneiro, "Não vamos arrochar salários, diz Arminio Fraga, aliado de Aécio", *Folha de S.Paulo*, 1º set. 2014. Disponível em: <http://www1.folha.uol.com.br/

seguro-desemprego, aumentar a idade mínima para aposentadoria e dificultar a concessão de pensões. Tudo em nome do combate à inflação. Só deixa de dizer que ao fim de sua gestão no Banco Central, no governo FHC, a inflação era de 12,5% ao ano, quase o dobro da atual, que ele julga fora de controle. E isso com juros estrondosos.

Mas, como diz o povo mais acostumado a sofrer, desgraça pouca é bobagem. Quem se animou com a queda de Aécio nas pesquisas eleitorais logo ponderou, pois foi acompanhada da subida meteórica de Marina Silva. E Marina, talvez no afã de atrair o mercado para seu projeto, tinha já erigido como conselheiro econômico ninguém menos que Eduardo Giannetti da Fonseca, economista da nata do neoliberalismo brasileiro.

Giannetti tem distribuído por aí a mesma cantilena que arruinou os trabalhadores no Brasil, produzindo desemprego, arrocho salarial e recessão econômica na década de 1990. O discurso de Marina é o da nova política, mas começa mal ao recorrer à velha economia.

Também em entrevista à *Folha de S.Paulo*[2], em 2013, Giannetti sistematizou sua listinha de desejos: autonomia do Banco Central, readequar a Petrobras e os bancos públicos nos "critérios de mercado", desatrelar o reajuste das aposentarias ao salário mínimo e por aí vai. O modelo de seus sonhos, disse ele, é o segundo mandato de FHC e o primeiro de Lula (o mandato mais conservador dos governos petistas). Cita como referência as heroicas privatizações e a desregulamentação de capitais por FHC.

Sua obsessão – agora repetida por Marina – é fortalecer o dito tripé macroeconômico: austeridade fiscal, aumento do superávit primário e livre câmbio. Não é preciso ser economista nem ter sobrenome europeu para saber que isso implica cortes de investimentos e de gastos sociais do Estado. Austeridade fiscal é um nome elegante para dizer corte no orçamento público. Superávit primário é um termo técnico para se referir à reserva de recursos para pagar juros da dívida aos banqueiros, o que, por sua vez, implica cortes orçamentários.

---

poder/2014/09/1508863-nao-vamos-arrochar-salarios-nem-assassinar-velhinhas-diz-economista-aliado-de-aecio.shtml>.

2 Eleonora de Lucena, "Marina Silva faria governo menos estatizante que Dilma, diz Eduardo Giannetti", *Folha de S.Paulo*, 21 out. 2013. Disponível em: <http://www1.folha.uol.com.br/poder/2013/10/1359699-marina-silva-faria-governo-menos-estatizante-que-dilma-diz-eduardo-giannetti.shtml>.

Marina terá de se decidir. Ou quer manter e ampliar políticas sociais e investimentos públicos ou quer fazer cortes. Do ponto de vista lógico, tentar conciliar os dois é tão impossível quanto empenhar-se em desenhar um círculo quadrado. Simplesmente não dá. Marina deve a todos essa resposta. Ou está com Giannetti ou está com Chico Mendes.

A reabilitação dos neoliberais, ao que parece, não foi apenas um apelo desesperado do PSDB, mas uma tendência do debate econômico nestas eleições. Não deixa de ser, de algum modo, a volta dos que não foram, já que os governos petistas – Dilma inclusive – conservaram importantes aspectos neoliberais em sua política econômica. Não por acaso os lucros bancários foram recordes. O pré-sal foi concedido à exploração privada, assim como aeroportos e rodovias.

Mas tragicamente o discurso da mudança entre os principais candidatos não critica esse conservadorismo. Ao contrário, diz que ele foi insuficiente e volta-se contra as limitadas iniciativas de enfrentá-lo: a titubeante redução dos juros básicos, o uso de bancos públicos para baratear o crédito, a atuação das estatais na indução de investimentos e os gastos com assistência social, que não chegam a 4% do orçamento federal.

A crítica é feita pelo viés conservador. E deixa claro que o debate econômico no Brasil ainda é pautado pelo interesse do mercado financeiro. Enquanto for assim teremos de conviver com o eterno retorno dos neoliberais[3].

[04.09.2014]

---

[3] O retorno neoliberal se confirmou com mais força ainda após as eleições. Quem votou em Dilma, contra Arminio Fraga e Giannetti, levou de presente Joaquim Levy. Os primeiros gestos da presidenta após sua reeleição foram aumento de juros, ajuste fiscal e ataque a direitos trabalhistas. Este último, com os mesmos alvos indicados por Arminio: o seguro desemprego e as pensões. Sinais inequívocos da hegemonia do mercado financeiro na política brasileira.

Quem tem medo do general?

Em agosto de 2014, veio à luz uma carta do comandante do Exército, general Enzo Peri, proibindo as unidades militares de darem informações para a Comissão Nacional da Verdade, instituída para investigar os crimes da ditadura civil-militar brasileira.

O comandante da principal força armada do país determinou a prevaricação aos seus subordinados. Zombou da Constituição e dos poderes da República para esconder as torturas e os assassinatos cometidos por sua instituição. Daí se sucedeu... nada.

A presidente da República – que foi presa e torturada pelos militares – demitiu o general? Não. Ao menos o repreendeu publicamente? Também não. O general então se retratou ou revogou a proibição? Não, não, nada disso foi feito.

O episódio demonstra cabalmente as amarras institucionais de impotência que estão colocadas para a Comissão Nacional e as demais Comissões da Verdade, apesar do combativo trabalho de muitos de seus integrantes. O comandante do Exército impõe silêncio aos seus e nada acontece. E mesmo os que falaram e chegaram a confessar torturas e assassinatos à comissão viverão o resto de seus dias tranquilos e sem punição.

É inaceitável. O país precisa acertar as contas com o seu passado. A revogação da Lei da Anistia é a única alternativa à altura de enfrentar a prepotência dos generais e das casernas, que escondem a tortura de ontem para mais facilmente preservá-la nos dias de hoje.

Cada delegacia de polícia esconde um Dops. Cada beco de favela preserva um DOI-Codi. A punição das torturas passadas seria um gesto emblemático para combatê-las no presente. A pesquisadora norte-americana Kathryn Sikkink estudou cem países que passaram pela chamada transição democrática e concluiu que, naqueles onde houve punição para os atos de violação de direitos humanos, o nível de violência policial atual é menor[1]. O gesto representa uma definição categórica de que a tortura é inaceitável.

A defesa da revogação da Lei da Anistia está inclusive de acordo com a legislação internacional. Em 2008, quatro dos maiores constitucionalistas brasileiros – Celso Antonio Bandeira de Mello, Fábio Konder Comparato, José Afonso da Silva e Paulo Bonavides – defenderam-na a partir da tese de que crimes de lesa--humanidade são imprescritíveis.

Se alguém ainda tem dúvidas de que a tortura é um crime de lesa-humanidade, que leia o *Bagulhão*[2] (carta de 1975 denunciando torturas) ou as centenas de relatos dos presos políticos da ditadura brasileira. Busque informar-se sobre o pau de arara, a cadeira do dragão, o soro da verdade, o churrasquinho, entre tantas terríveis práticas a que militantes políticos da esquerda brasileira foram submetidos naqueles anos. Os que morreram e os que viveram para nos relatar essa história merecem, no mínimo, o reconhecimento das novas gerações e a justiça do Estado brasileiro.

Cobrar punição aos militares torturadores não é pedir o impossível. Argentina, Chile e Uruguai, dentre outros países, já começaram a acertar as contas com sua história há algum tempo. Na Argentina, as leis que impediam o julgamento dos militares criminosos foram revogadas em 2001. Até 2013, 250 torturadores já estavam presos.

É preciso esconjurar os fantasmas da ditadura brasileira de uma vez por todas. Não há solução de compromisso possível com a tortura. Lamentável que nenhum dos três candidatos mais cotados à presidência da República tenha demonstrado essa disposição. Lamentável que o general Enzo Peri continue no comando do Exército brasileiro. As feridas continuarão abertas.

Não creiam no esquecimento. Em história, a violência mal resolvida sempre retorna de algum modo. Às vezes como clamor impetuoso por justiça, às vezes como barbárie silenciadora.

[18.09.2014]

---

[1] Ver entrevista com a pesquisadora em Márcia Jungues, "Ninguém está acima da lei", *Instituto Humanitas Unisinos*, ano VIII, n. 269, 18 ago. 2008. Disponível em: <http://www.ihuonline.unisinos.br/index.php?option=com_content&view=article&id=2053&secao=269>.

[2] Comissão da Verdade do Estado de São Paulo, *Bagulhão: a voz dos presos políticos contra os torturadores* (São Paulo, Alesp, 2014). Disponível em: <http://www.al.sp.gov.br/repositorio/bibliotecaDigital/20480_arquivo.pdf>.

Eles venceram outra vez

Independentemente de quem sair vencedor das urnas em 6 de outubro – ou num segundo turno – a vitória já tem dono. Ou melhor, donos. Os mesmos de sempre: JBS Friboi, Andrade Gutierrez, Queiroz Galvão, Bradesco, Odebrecht, OAS, Itaú, Camargo Correia e afins.

Um levantamento da revista *Congresso em Foco*, feito a partir de dados do TSE, mostrou que a eleição deste ano é a mais cara da história do país. A estimativa de gastos das candidaturas em todos os níveis supera R$ 71 bilhões.

São tantos zeros que pode até confundir. O valor corresponde a mais de duas vezes o que foi gasto na Copa do Mundo. Ou a seis anos de pagamento do Bolsa Família. Ou, ainda, a mais de 1 milhão de moradias pelo programa Minha Casa Minha Vida.

E estamos falando apenas da previsão de gastos oficiais e contabilizados. Não inclui o bom e velho caixa dois, cujo papel nas campanhas eleitorais brasileiras é de conhecimento até mesmo da velhinha de Taubaté.

Em nosso sistema político, que consagra o financiamento privado de campanha, quem financia esses valores bilionários são as grandes empresas. O destaque cabe sempre às empreiteiras, construtoras e incorporadoras. O setor da construção sempre foi muito generoso com os partidos e candidatos.

Na parcial do primeiro mês de campanha neste ano, dos dez maiores financiadores, cinco são empreiteiras. São também as maiores financiadoras dos partidos, mesmo fora dos anos eleitorais. De 2010 a 2013 foram transferidos R$ 374 milhões das empreiteiras ao caixa dos partidos políticos. É um investimento com retorno seguro. Tanto do ponto de vista econômico quanto político.

Se o fiel doador, com seu dízimo, garante o paraíso no céu, o doador de campanhas eleitorais garante o paraíso na Terra, aqui e agora.

Para medir a rentabilidade do investimento, o exemplo da JBS Friboi é emblemático. Atualmente é a líder da lista de doadores, com R$ 52 milhões investidos só no primeiro mês da campanha. R$ 52 milhões parece muito dinheiro. Mas não é nada perto dos R$ 2,1 bilhões que a Friboi recebeu de empréstimos do BNDES até 2013, menos ainda perto dos R$ 8,5 bilhões injetados em papéis da empresa por esse mesmo banco público.

O retorno das grandes empreiteiras através de contratos com o poder público ou com empresas estatais é também estrondoso. Nesse caso, ainda que no âmbito municipal de São Paulo, vale a pena consultar o estudo que relaciona o financiamento de campanha das empreiteiras com a execução de obras públicas[1]. O ganho político das empresas financiadoras também não fica atrás e perpetua a captura do Estado brasileiro pelos interesses privados. Financiar candidatos ao Executivo significa acesso e influência nas decisões de governo. Financiar candidatos ao Legislativo significa formar bancadas de interesse que facilitarão a aprovação de leis que estimulem seus negócios e inviabilizarão outras que os atrapalhem.

O tão falado conservadorismo do Congresso não é tanto de ordem ideológica. Aliás, ideologia ou projeto político é algo que passa longe da maioria dos parlamentares brasileiros. O conservadorismo expressa mais que tudo a defesa dos interesses de quem sempre comandou o país e paga as campanhas.

As reformas populares não estão bloqueadas há décadas na sociedade brasileira por acaso. Alguém acha que a bancada ruralista permitirá uma reforma agrária? Ou que o *lobby* dos bancos no Congresso e nos governos dará sinal verde para a reforma do sistema financeiro? Ou ainda que o setor imobiliário e as empreiteiras permitirão que os governos que eles financiaram faça Reforma Urbana?

O financiamento de campanha eleitoral é um poderoso instrumento de poder. Quem paga a banda escolhe a música, diz o velho dito. E assim é. Para não acharem que é papo de comunista, cito o juiz eleitoral Marlon Reis: "Chegamos ao grau da insustentabilidade. As eleições são um jogo comprado no Brasil".

Teremos, em 2014, as eleições mais caras da história, com investimentos milionários de grupos de interesse de vários setores da economia. Neste cenário,

---

[1] Ver: <reporterbrasil.org.br/gentrificacao/a-bancada-empreiteira/>.

esperar que o próximo governo, seja Dilma, Marina ou Aécio, tenha independência para fazer as mudanças em favor da maioria do povo é de uma ingênua ilusão.

Ilusão produzida sob medida pelo marketing eleitoral, que, por sua vez, é pago com o dinheiro daqueles que continuarão dando o tom na política brasileira.

[02.10.2014]

Onda conservadora

O primeiro turno das eleições revelou um fenômeno eleitoral que já se observava ao menos desde 2013 na política brasileira: a ascensão de uma onda conservadora. Conservadora não no sentido de manter o que está aí, mas no pior viés do conservadorismo político, econômico e moral. Uma virada à direita.

Talvez, o recente período democrático brasileiro não tenha presenciado ainda um Congresso tão atrasado como o que foi agora eleito. O que já era ruim ficará ainda pior. O pântano de partidos intermediários, cujo único programa é o fisiologismo, cresceu consideravelmente. A bancada da bala e os evangélicos fundamentalistas tiveram votações expressivas em vários estados do país.

O deputado mais votado no Rio Grande do Sul foi Luis Carlos Heinze, que recentemente defendeu a formação de milícias rurais para exterminar indígenas. No Pará, foi o delegado Eder Mauro. Em Goiás, o delegado Waldir, com um pitoresco mote de campanha que associava seu número (4500) com "45 do calibre e 00 da algema". No Ceará foi Moroni Torgan, ex-delegado e direitista contumaz. No Rio de Janeiro, ninguém menos que Jair Bolsonaro, que há muito deveria estar preso e cassado por apologia ao crime de tortura.

Isso sem falar da cereja do bolo, São Paulo, que desde 1932 orgulha-se em ser a vanguarda do atraso. Alckmin foi reeleito com quase 60% de votos. Serra suplantou facilmente Suplicy e, tal como em 2010, não teve pudores em recorrer ao conservadorismo mais apelativo. Desta vez, com a redução da maioridade penal como bandeira. O deputado federal mais votado foi Celso Russomano e o terceiro, o pastor homofóbico Marco Feliciano. Dois coronéis, Telhada e Camilo, conseguiram vagas na Assembleia Legislativa.

Como não falar numa onda? Onda que teve como crista a surpreendente votação de Aécio Neves para a presidência, que ficou apenas 8% atrás de Dilma quando todos os institutos de pesquisa apontavam o dobro de diferença. De São Paulo levou – direto para o aeroporto de Cláudio – 4 milhões de votos de vantagem em relação a Dilma.

São Paulo, que foi o berço das mobilizações de junho de 2013. Contradição? Nem tanto.

Por um lado, as jornadas de junho expressaram uma descrença de que as transformações populares se darão por dentro dessas instituições. Foram sintoma de uma aguda crise urbana, traduzida no tema da mobilidade. E deixaram um legado positivo com o crescimento das mobilizações populares, ocupações e greves no último período. Essa vertente esquerdista de junho talvez tenha se manifestado eleitoralmente – além da votação no PSOL – pelo aumento das abstenções e votos inválidos. Neste ano somaram 29,03%, mais do que os 26,93% do primeiro turno de 2010 e do que os 26,79% que definem a média das eleições brasileiras desde 1994.

Mas junho teve outra vertente, que deixou rescaldos mais marcantes. A direita saiu do armário. Passou a adotar abertamente um discurso mais ousado e raivoso. Os velhinhos do Clube Militar tiraram a poeira das fardas para defender uma reedição de 1964. Homofóbicos, racistas e elitistas passaram a falar sem pudores de suas convicções. Isso tudo se sintetizou num antipetismo feroz, que correu o país. As ofensas a Dilma em estádios da Copa apenas repetiram o cântico que foi ecoado nas ruas meses antes.

E não foi só a elite. Alguns petistas ainda não compreenderam. Pensaram estar lidando com uma segunda versão do movimento "Cansei". E por isso são incapazes de entender o que ocorreu no último domingo. Aécio ganhou no Campo Limpo, Itaquera, Jardim São Luis, Ermelino Matarazzo e Sapopemba. Elite?

O que o PT teimou em não compreender é que o modelo de governo que adotou nos últimos doze anos chegou ao esgotamento. Junho de 2013 foi um sintoma disso. O pacto social construído por Lula em 2002 não funciona mais. A ideia de que todos os interesses são conciliáveis, de que todos podem ganhar, depende do crescimento econômico e da desmobilização das forças sociais. O que temos hoje é o contrário. Uma sociedade muito mais polarizada e uma economia beirando a recessão.

Portanto, a mágica de agradar a todos acabou, e o povo sente necessidade de mudanças. Quem teve força política para capitanear o discurso da mudança não foi a esquerda, mas a direita. O sentimento é difuso e despolitizado, por isso pôde ser encarnado farsescamente pelo PSDB após o declínio de Marina Silva.

Este segundo turno será um divisor de águas. A burguesia brasileira provavelmente se alinhará em bloco com Aécio Neves, seu candidato puro-sangue. Se o PT quiser disputar o discurso direitista com Aécio corre grave risco de ser derrotado e ainda sair desmoralizado para uma eventual oposição a partir de 2015.

Outra alternativa que tem é apontar o rumo de transformações populares para o próximo mandato, o que não fez nos últimos doze anos. Fazer o combate pela esquerda. Se o fizer, terá um preço a pagar em relação à base aliada e aos financiadores. Dificilmente o fará.

O mais provável é que recorra a uma retórica semelhante à de 2006 contra Alckmin, dos de baixo contra os de cima, sem maior consequência prática. Mas o momento é outro e o discurso da mudança está com muito mais capilaridade, inclusive entre os de baixo. A eficácia pode não ser a mesma. A onda conservadora está vindo com força e, agora ou em 2015, obrigará o PT a reposicionar-se na conjuntura, para lá ou para cá.

[09.10.2014]

Massacre midiático

A opinião pública, outrora mais comedida, aderiu de forma radical ao antipetismo. PT virou sinônimo de bandalheira e seus eleitores são ignorantes que parasitam em torno dos programas sociais. Opinião pública, já disse Millôr Fernandes, nada mais é do que aquilo que se publica.

Antes de tornar-se um discurso amplamente difundido – em especial no Sudeste, Sul e Centro-Oeste do país –, o antipetismo foi cuidadosamente fermentado por um grupo bem mais seleto, o daqueles que publicam. Os trinta Berlusconi brasileiros, na definição da organização europeia Repórteres Sem Fronteiras.

Agora que se apresentam chances reais de o PSDB retomar a presidência da República, o que era desgaste progressivo tornou-se massacre aberto. A guerra de baixa intensidade virou um bombardeio indiscriminado.

A página *Manchetômetro*[1] realizou um levantamento das notícias positivas e negativas aos candidatos nestas eleições. O resultado revela muito sobre a imparcialidade do jornalismo brasileiro. Dentre os três principais jornais impressos do país, as chamadas de capa positivas para Dilma foram 4. Para Aécio Neves, 32. Já as negativas, foram 176 para Dilma e 31 para Aécio.

No principal telejornal do Brasil, o *Jornal Nacional*, da TV Globo, a cobertura com notícias favoráveis para Dilma foi de 4 minutos e 14 segundos. Para Aécio foi de 9 minutos e 52 segundos. No caso das notícias desfavoráveis, para Dilma o tempo foi de 53 minutos e para Aécio foi de 7 minutos e 6 segundos.

Não estamos falando apenas de parcialidade. Esse limite já foi ultrapassado. Trata-se de bombardeio midiático contra a candidata do PT. Bombardeio agora

---

[1] Disponível em: <www.manchetometro.com.br>.

intensificado com denúncias seletivamente vazadas de um inquérito supostamente sigiloso sobre a corrupção na Petrobras.

Que houve e há corrupção na Petrobras parece certo. Que a imprensa tenha o papel de divulgá-la é algo inquestionável. Mas o mesmo critério deveria ser aplicado para o caso do aeroporto de Cláudio (MG) ou para o cartel fraudulento do metrô de São Paulo. Com o mesmo tempo, o mesmo tom acusatório e as mesmas proporções. Os números do Manchetômetro mostram outra coisa.

Mas, convenhamos, para o PT agora não adianta chorar. Teve doze anos para levantar o debate da democratização das comunicações no Brasil e não o fez. Faltou coragem e sobrou soberba. Acreditou que o pacto social era uma mágica que duraria para sempre. Tornou-se, nesse caso – como em muitos outros, – vítima da própria falta de ousadia para mudanças estruturais.

O monopólio das comunicações no Brasil é escandaloso. O relatório dos Repórteres Sem Fronteiras[2], publicado no ano passado, apenas diz o que é sabido desde muito tempo acerca da propriedade dos meios de comunicação no país. "As características do mecanismo geral de funcionamento da mídia estorvam a livre circulação da informação e impedem o pluralismo. Dez grandes grupos econômicos, correspondentes a outras tantas famílias, dividem entre si o mercado da comunicação de massas", constata o relatório. Essas famílias são os trinta Berlusconi brasileiros.

Qualquer tentativa de debater criticamente essa estrutura é tachada como censura, numa jogada desses grupos para manter seus privilégios. São grupos econômicos bastante lucrativos, inclusive por meio de contratos de publicidade oficial. E não sejamos ingênuos, seus controladores têm posição política e classe social. Liberdade de comunicação é precisamente o que essa estrutura monopolista impede. O poder de informar a sociedade não pode ser propriedade de trinta famílias.

Mas, se o PT sequer questionou essa estrutura de privilégios, por que tanto ódio ao petismo? Eis a questão. Algo leva a crer que seja pelos mesmos motivos que, mesmo com lucros recordes dos bancos, a Bolsa sobe quando Dilma cai.

A elite brasileira, nas finanças ou na mídia, não aceita concessões. Por menores que sejam. São intolerantes mesmo às mudanças de menor impacto e menos ofensivas a seus interesses. Resta algo do espírito da casa-grande: ódio aos pobres, aos nordestinos, aos negros. Não suportam ascensão social, mesmo quando isso

---

[2] Ver: <http://es.rsf.org/IMG/pdf/relato_rio_brasil.pdf>.

reforça sua posição no topo. Querem exclusividade no aeroporto, na universidade e no poder político.

E, não menos importante, querem Arminio Fraga como ministro da Fazenda. Compreensível. Fosse eu banqueiro ou magnata também iria querer.

Por isso encaram a derrota do PT como a sua vitória. E, naturalmente, tendo os meios de comunicação nas mãos, conseguiram produzir um sentimento que abarca também os de baixo. A corrupção caiu como uma luva na massificação do argumento.

O massacre que estamos vendo e veremos até o dia 26 revela a adesão em bloco da elite à candidatura de Aécio e sua aposta na polarização. Se ganharem, poderão consolidar uma onda conservadora no Brasil e na América Latina. Se perderem, podem ter de pagar pelo exagero da dose, já que polarização não é algo que possa se desmontar com a mesma facilidade com que se cria.

[16.10.2014]

O terceiro turno

Acabou a batalha do segundo turno. Dilma foi reeleita para a presidência da República em votação apertada. Ao final, a vantagem no Norte e no Nordeste foi suficiente para compensar a derrota em São Paulo e no Sul do país.

A campanha deste segundo turno foi marcada por uma polarização que não víamos desde 1989. Mas diferentemente de 1989 – quando Lula falava em suspender o pagamento da dívida pública e em fazer reformas estruturais – agora não estavam em jogo projetos políticos tão antagônicos.

O PT manteve desde 2003 as linhas mestras da política econômica tucana: o controle da inflação às custas de juros altos e câmbio sobrevalorizado, a política de superávit primário para pagamento da dívida e as concessões da infraestrutura nacional e da exploração de petróleo para grandes empresas privadas.

Na política, ambos governaram alicerçados no que há de mais atrasado na sociedade brasileira. Ambos mantiveram o PMDB como eminência parda da política nacional.

O PT nem sequer ensaiou, nesses doze anos, levantar a bandeira das reformas populares – bloqueadas no país desde João Goulart. Reformas urbana e agrária, reforma tributária progressiva, reforma política e do sistema financeiro. Auditoria da dívida pública, desmilitarização das polícias e democratização das comunicações. Estas são as pautas populares e de esquerda para o Brasil. Alguém as viu nos últimos governos?

Porém, a disputa entre Dilma e Aécio foi extremamente polarizada, tendo a elite brasileira e todos os setores mais conservadores se alinhado com o candidato do PSDB. Por que isso, se as diferenças não são tão grandes assim?

Quem polarizou as eleições de 2014 foi a direita. Ao PT não interessava a polarização, afinal governou durante doze anos com o discurso de um pacto social, por meio do qual todos se beneficiariam. Mas os setores mais atrasados da sociedade brasileira – assanhadinhos desde o ano passado – resolveram tomar o antipetismo como razão de existência.

Na linha mais conservadora, construíram um discurso racista, antipopular e de ódio aos pobres. As manifestações pró-Aécio fizeram lembrar a Marcha da Família com Deus de 1964. Os protagonistas inclusive foram os mesmos: a classe média de São Paulo e a fina-flor da elite urbana brasileira.

Até dirigentes do PSDB entraram na onda. José Aníbal evocou Carlos Lacerda, o maior golpista da história da República, para dizer que, mesmo tomando posse, Dilma não poderia governar. FHC enterrou algum resquício de credibilidade intelectual – se é que o tinha – com sua fala sobre o voto dos nordestinos[1]. Dizem que o governo Dilma não terá legitimidade. Legitimidade para essa gente significa o apoio da classe média do Sudeste.

Mas o segundo turno acabou e o PT levou a fatura. A eterna turma do deixa-disso, liderada por Michel Temer, já começa a costurar a repactuação das forças políticas e o fatiamento do novo governo. Polarização foi até domingo, dizem, agora é hora da união republicana pela governabilidade.

Ledo engano! Agora é que vai começar a ficar interessante. Polarização política, quando levada ao sentimento popular, não se desmonta com facilidade. E a situação econômica exige decisões que não poderão ser tão conciliadoras.

É claro que a vontade de Dilma é recosturar alianças e fazer um governo de unidade. Deixou claro isso em seu discurso da vitória. Mas ela sabe que o mar não está para peixe. O crescimento econômico refluiu e isso impacta no Orçamento. A ideia de governar para todos – com lucros recordes para bancos e empresas e algumas melhorias para os trabalhadores – não se sustenta na nova conjuntura.

A hora é de decisões. Ou se tomam medidas impopulares – daquelas anunciadas com regozijo por Aécio Neves – ou se enfrenta o desafio de reformas populares. O modelo lulista de conciliação nacional dá sinais claros de esgotamento, pois está baseado na combinação de crescimento econômico com desmobilização social. Junho de 2013 e a polarização eleitoral de 2014 foram sintomas disso.

Evidentemente, seria ilusório acreditar que o PT resolverá, de uma hora para outra, fazer as transformações estruturais que tirou de sua agenda desde antes de

---

[1] O ex-presidente associou o voto no PT aos "grotões" e à ignorância. Ver: "PT cresceu nos grotões porque tem voto dos menos informados, diz FHC", UOL, 6 out. 2014. Disponível em: <http://eleicoes.uol.com.br/2014/noticias/2014/10/06/fhc-pt-cresceu-nos-grotoes-porque-tem-voto-dos-pobres-menos-informados.htm>.

2002. Tem de prestar contas para a JBS Friboi e para a Odebrecht, para Kátia Abreu e Renan Calheiros. Mesmo que o desejasse, não teria condições de dar essa guinada.

Mas é aí que entra o terceiro turno. A polarização da classe média de direita nas ruas reascendeu o outro polo: os trabalhadores organizados. Aliás, desde junho de 2013 as lutas populares urbanas e as greves tiveram um crescimento expressivo e contínuo. Assim como a radicalização da direita, a crise do modelo de conciliação começa a produzir uma radicalização popular.

Nesse cenário, se Dilma começar 2015 com cortes orçamentários e ajuste de tarifas, ela pode pacificar a elite financeira e a turma do PSDB, mas terá de enfrentar a mobilização das ruas.

Pela primeira vez nesses doze anos de petismo criou-se um caldo que pode recolocar na agenda as reformas populares. Não deixa de ser sintomático que Dilma tenha mencionado o plebiscito pela reforma política em seu discurso de união nacional. As contradições estão pulsando. É claro que a construção desta agenda não se dará por iniciativa nem vontade do PT, mas pela polarização das ruas e pelo fim de um ciclo econômico.

Será o terceiro turno das lutas. Agora sim os grandes antagonismos da sociedade brasileira poderão entrar em jogo.

[30.10.2014]

Os donos do Brasil em cana. E depois?

"O universo está derretendo", disse um deputado do PMDB após a operação da Polícia Federal, no último dia 14 de novembro. O dramalhão é justificado. A operação prendeu mais de vinte executivos e envolveu nove das maiores empreiteiras do país. Quatro delas – Camargo Correia, UTC, OAS e Iesa – tiveram os próprios presidentes presos. A casa caiu!

Não nos iludamos porém. Não é a primeira vez que os donos do Brasil são expostos a nu nos últimos anos. O banqueiro Daniel Dantas foi preso em 2008 após a Operação Satiagraha. Executivos da reincidente Camargo Correia também foram presos em 2009 pela Operação Castelo de Areia. E a Delta Construtora foi desmascarada em operações de 2012 e 2013.

Os resultados após as prisões foram um tanto desanimadores. Dias depois, a turma foi invariavelmente solta. As empresas continuaram com seus negócios, inclusive com os contratos com o poder público. Em alguns casos, chegou-se ao extremo de os acusadores tornarem-se réus, como o delegado Protógenes Queiroz e o juiz Fausto de Sanctis, ambos da Satiagraha.

Ser honesto é algo perigoso, já disseram certa vez. Mexer com os donos do Brasil não é coisa que se faça impunemente. Os tentáculos dos grandes grupos econômicos no governo, no Congresso, no Judiciário e na mídia não devem ser subestimados. Isso nos autoriza a certo ceticismo em relação ao que virá.

De toda forma, o escândalo atual, envolvendo contratos bilionários com a Petrobras, tem circunstâncias muito particulares. A operação foi desencadeada num momento de grande polarização política e tem evidentes intenções de colocar em xeque a legitimidade do governo Dilma.

Delegados envolvidos na operação foram flagrados nas redes sociais exaltando Aécio Neves e proferindo ataques a Dilma e Lula. O escândalo tem sido o principal combustível do PSDB e dos golpistas dos Jardins em seus desfiles de sábado à tarde na avenida Paulista.

A posição do PSDB no caso é de uma grotesca hipocrisia. O senador Aloysio Nunes deu as caras no chá das cinco da Paulista e bradou altivo contra a corrupção. Faltou alguém que subisse ao carro de som para lembrá-lo de que sua campanha para o Senado recebeu mais de R$ 1 milhão em doações diretas de quatro das empreiteiras envolvidas no escândalo: UTC, Mendes Jr., OAS e Camargo Correia. Peroba nele!

A campanha presidencial de Aécio, por sua vez, recebeu cerca de R$ 20 milhões de seis das nove empreiteiras envolvidas. Assim como o PT e todos os outros partidos de sua base receberam. Quatro dessas empresas estão entre as dez maiores doadoras eleitorais de 2014. Digno de nota, o PSOL foi o único partido com parlamentares eleitos que não recebeu doação da quadrilha da vez.

Lamentável também foi a declaração de Dilma de que não devemos "demonizar as empreiteiras". Ora, coitadinhas! Essas pobres empreiteiras, sempre injustiçadas neste país, não é mesmo?

Se queremos tirar uma consequência prática desse escândalo, se queremos deixar de enxugar gelo com operações de Sísifo, temos de dar nome e solução ao problema.

O nome do problema é o sistema político brasileiro e seu estímulo à apropriação de fatias do Estado pelos grandes interesses econômicos através do financiamento de campanha. A forma de enfrentá-lo efetivamente chama-se reforma política.

As nove empreiteiras investigadas, envolvidas em três megaprojetos da Petrobras, somaram mais de R$ 207 milhões em doações eleitorais neste ano. E não vem de hoje. O esquema da Petrobras opera há pelo menos quinze anos, segundo o Ministério Público Federal.

Até mentecaptos como Lobão e as madames do chá das cinco sabem como as coisas funcionam. Doações de campanha abrem as portas para favorecimento em contratos – especialmente nas estatais, que conseguem escapar de licitações – e, em seguida, para aditivos bilionários aos mesmos. Esta tem sido a gramática de quase todos os escândalos de corrupção por aqui nos últimos trinta anos.

Assim os donos do Brasil mantêm seu poder. Dar fim ao financiamento privado das campanhas eleitorais é a primeira e mais óbvia medida para interromper o ciclo. Evidentemente, não acabará com a corrupção, mas diminuirá a margem da captura do Estado pelos grandes interesses privados.

A hora é esta. A prisão dos empreiteiros e de diretores da Petrobras coloca na ordem do dia a necessidade de uma reforma política profunda no país.

Vejamos agora quem tem compromisso com a coerência. Indignar-se com a corrupção, muito bem. Vamos então defender uma reforma política, com ampla participação popular. Quem vem?

[20.11.2014]

Sugestões para o ministério de Dilma

Cara Presidenta,
Nós dos movimentos sociais nos sentimos amplamente contemplados com os primeiros nomes para seu ministério. Governo novo, ideias novas. Os gestos não poderiam ter sido melhores.

Joaquim Levy na Fazenda foi uma sacada de gênio, com grande sensibilidade social. Pena que o Trabuco não quis, mas confio que seu subordinado no Bradesco dará conta do recado. A Marina queria indicar gente do Itaú. O Aécio tinha obsessão pelo dr. Arminio. Mas esses, como a senhora disse na campanha, tomariam medidas impopulares. A solução certamente está com o Bradesco. Itaú de fato não pode, mas Bradesco... vá lá!

Kátia Abreu na Agricultura achei um pouco ousado demais. Cuidado pra não ser chamada de bolivariana! Os índios e os sem-terra estão em festa pelo país. Não temos dúvidas de que o ministério terá um compromisso profundo com a demarcação das terras indígenas, com o combate ao latifúndio e com a Reforma Agrária.

Armando Monteiro no Desenvolvimento deixa seus detratores sem argumentos, muito bem! Dizem que a senhora não dialoga com a sociedade civil. Ora, como não? A Confederação Nacional da Agricultura em um ministério e a Confederação Nacional da Indústria em outro. Aí está a gema da sociedade civil, as entidades patronais.

Tem gente sendo injusta com a senhora, dizendo que essas indicações sinalizam que seu governo irá aplicar o projeto derrotado nas urnas. Não se deixe levar por isso. Estão fazendo o jogo da direita, no fundo querem mesmo é desestabilizá-la.

A senhora está no caminho certo. Para onde? Bom, essa é outra questão. Mas o que eu gostaria mesmo é de humildemente lhe apresentar algumas sugestões para a composição dos ministérios.

Para a pasta das Cidades o nome é o Kassab. Homem experiente, foi prefeito de São Paulo e terá a oportunidade de aplicar nacionalmente o que fez por aqui. Imagine incêndios em favelas no Brasil todo! Vamos acabar de vez com essa herança arcaica que são as favelas, Kassab já mostrou que sabe fazer. Tem também a política de despejo expresso, sem necessidade daquela burocracia toda de uma ordem judicial. E, é claro, leva com ele uma equipe íntegra e competente. Talvez o Aref como secretário-executivo, que tal?

Nos Direitos Humanos não há muito o que discutir. É Bolsonaro na certa. Um homem que pauta com coragem grandes temas tabus, como a tortura, o direito ao aborto, a diminuição da maioridade penal e o papel dos militares na sociedade. Cabeça arejada e capacidade de dialogar com todos os setores sociais. Ele e a Kátia poderiam ser os novos interlocutores do movimento popular no governo.

Nas Comunicações sugiro o Fabio Barbosa, da *Veja*. Já mostrou ser um tipo criativo. Sua capacidade de criar fatos e transformá-los em manchetes está mais do que demonstrada.

Imagine isso tudo a serviço de seu governo! Os blogueiros radicais, que defendem democratização da mídia, podem não gostar. Mas, paciência, nem Jesus agradou a todos. Afinal, a senhora poderá argumentar que a alternância no poder é necessária. A Globo já teve três ministros, agora é a vez da *Veja*.

Para a Cultura eu tenho dúvidas. A Marta saiu com aquela cartinha mal-educada, querendo fazer média com o mercado. Convenhamos, a senhora foi muito mais esperta. Em vez de fazer média com o mercado, trouxe-o para dentro do governo. Deixou a Marta falando sozinha.

É preciso resgatar a credibilidade do ministério. Pensei primeiro no Lobão, porque ele pararia com essa história de *impeachment* e ainda traria o apoio da turminha dos Jardins. Se bem que essa turminha tem cada vez menos razões para lhe fazer oposição. Mas acho que ele prefere construir a carreira junto com o Aécio, não toparia.

Talvez então o Reinaldo, homem culto e com ampla visão. Reinaldo Azevedo, sabe? Ele vive falando mal da senhora, mas acho que no fundo é tudo ressentimento. Uma ligação, e ele se abre que nem uma flor. Vai por mim, até um rottweiler precisa de carinho. É isso que ele deve estar esperando há anos.

Há quem possa achar minhas sugestões muito conservadoras. Mas estou preocupado com a governabilidade. Governabilidade é tudo, presidenta! É um fim em si, como demonstram suas escolhas e as decisões de governo nos últimos doze anos.

Se seguir minhas sugestões, ao menos não poderão acusá-la de incoerente. Quem já convidou Levy, Kátia e Armando pode, pela mesma lógica irrefutável, convidar Bolsonaro, Fábio Barbosa e Reinaldo. Quanto ao Kassab, admito que a senhora teve a ideia antes e já anda sondando com ele[1].

Cordialmente, despeço-me certo de que teremos a opinião considerada.

[27.11.2014]

---

[1] De fato, Gilberto Kassab foi indicado para o Ministério das Cidades.

Robin Hood às avessas

Corte de gastos, mais uma vez, é o assunto do momento. Apesar de o candidato de sua predileção ter perdido as eleições, a banca conseguiu impor sua pauta. A velha cantilena do arrocho neoliberal volta a ganhar força no governo petista, com Joaquim Mãos-de-Tesoura à frente da equipe econômica. Venceu a chantagem dos "investidores".

Mas, se o assunto é corte de gastos, por que não debatê-lo sem preconceitos?

O debate dos gastos públicos no Brasil é totalmente enviesado. Nas últimas semanas tem-se feito um circo em torno da meta de superávit primário. Os banqueiros querem ampliá-la e o governo – cabisbaixo como um mau aluno – reconhece que tem de fazer mais e promete maior aperto em 2015. O superávit primário, recurso desviado dos investimentos públicos para pagamento de dívida, é em si uma excrescência. Poucos são os países que o adotam.

Os Estados Unidos, modelo dos liberais que falam de descontrole fiscal por aqui, acumula todos os anos déficits fiscais consideráveis. Não só não reserva dinheiro arrecadado para o pagamento da dívida como também gasta mais do que arrecada. O déficit fiscal dos EUA neste ano foi de mais de US$ 480 bilhões ou 2,3% do PIB. Será Obama um bolivariano fiscal?

Na Zona do Euro o déficit, apesar de decrescente, ficou em 3% do PIB em 2013. Já aqui fazem escândalo por acharem que o superávit não é suficiente. Suficiente pra quem, cara-pálida?

Os gastos do Brasil com o serviço da dívida pública – amortização, pagamento de juros e rolagem – são assombrosos. Em 2012, o dinheiro público destinado ao pagamento dos credores da dívida correspondeu a 44% do Orçamento federal. Em 2013, a 40%, expressando nada menos que R$ 718 bilhões. Neste ano, até o final de outubro, já haviam sido sugados pela dívida R$ 910 bilhões, cerca de 50% dos gastos da União no período. Os dados são da Auditoria Cidadã da Dívida, que também disponibiliza gráficos comparativos impressionantes sobre o assunto[1].

Essa montanha de dinheiro vai para grandes bancos e "investidores" nacionais e estrangeiros. Uma elite que abocanha diariamente quase R$ 3 bilhões de recursos públicos. É a chamada Bolsa Banqueiro.

Há quem reclame dos gastos com o Bolsa Família. O programa gastou em 2013 R$ 24 bilhões para atender 50 milhões de pessoas. Isso corresponde ao gasto de menos de dez dias da Bolsa Banqueiro, para beneficiar alguns milhares de ricaços. Ora, não podemos dar o peixe aos bancos, temos de ensiná-los a pescar!

Todos defendem melhorias na saúde e na educação, não é mesmo? A previsão de gastos federais para este ano em educação foi de R$ 115 bilhões. Na saúde foi de R$ 106 bilhões. Já a Bolsa Banqueiro arrancará este ano mais de R$ 1,02 trilhão de recurso público federal.

Todos se indignam também com a corrupção no Brasil. De fato, a apropriação privada de recursos públicos é inaceitável e devemos combatê-la com unhas e dentes. Agora, esse combate não deve limitar-se aos escândalos políticos. Tem de pegar as grandes raposas do atacado. A cada dia, a Bolsa Banqueiro desvia do orçamento público valor correspondente a vinte mensalões. Se um mensalão nos indignou, por que não nos indignam vinte mensalões por dia?

Porque nos vendem diuturnamente a ideia de que esses pagamentos são necessários para atrair investimentos e de que essa dívida é legítima. Afinal, não pagar dívida é coisa de caloteiro!

Em relação aos investimentos, o argumento é um contrassenso em si. Na verdade, o serviço da dívida suga os recursos do país, em vez de incrementá-los. Que investimento é esse que arranca R$ 1 trilhão por ano?

A legitimidade dessa dívida é um capítulo à parte. A estudiosa Maria Lucia Fatorelli demonstra com abundância de dados como a dívida pública foi construída na base de fraudes, contratos duvidosos e dos famosos juros flutuantes, que aumentam ao gosto do credor[2]. Formou-se, diz ela, um sistema da dívida que atua como um ciclo vicioso, ampliando o valor devido quanto mais se paga.

---

[1] Ver: <http://www.auditoriacidada.org.br/e-por-direitos-auditoria-da-divida-ja-confira-o-grafico-do-orcamento-de-2012/>.

[2] Maria Lucia Fatorelli, *Auditoria cidadã da dívida pública: experiências e métodos* (Brasília, Inove, 2013).

Essas malandragens do colarinho branco foram postas a nu nos países que fizeram auditoria em suas dívidas públicas. No Equador, a auditoria de 2007 mostrou que 70% da dívida era ilegítima. Mesmo por aqui, quando Getulio Vargas auditou os contratos nos anos 1930, descobriu-se que 40% da dívida não estava sequer respaldada por contratos!

Vamos, portanto, falar seriamente de corte de gastos. Mas não nas migalhas destinadas aos investimentos sociais ou à previdência pública. Estes precisam ser decididamente ampliados se quisermos caminhar para reduzir as desigualdades gritantes de nosso país. É preciso mexer na verdadeira ferida dos gastos públicos: o insustentável pagamento do serviço da dívida, a Bolsa Banqueiro.

A tesoura do Joaquim não está afiada para isso, mas sim para reproduzir a hipocrisia de cortar os já medíocres investimentos sociais. É a política do Robin Hood às avessas: tirar mais dos pobres para dar aos ricos. Chamam isso de responsabilidade fiscal.

[04.12.2014]

2015: ano de agitações

Este ano será de intensas lutas sociais no país. O projeto petista dá sinais cada vez mais fortes de esgotamento, sintomas de fim de ciclo. A economia não ajuda. E as escolhas de Dilma ajudam menos ainda a contemplar os setores populares.

Os dois últimos anos reviraram ao avesso o pacto social construído pelo PT. As mobilizações da juventude em junho de 2013 – com seus efeitos à direita e à esquerda – e as lutas populares urbanas em 2014 anunciaram a retomada de um período de agitação social. Junto a elas, o crescimento expressivo das greves nos últimos anos, com um pico de 873 em 2012.

O pacto durou enquanto foi cimentado pelo crescimento econômico. A ideia de que todos podem ganhar, simbolizada por Lula, tinha base no crescimento econômico médio de 4% ao ano entre 2003 e 2010. Embora fosse um pacto desigual, onde os empresários ganharam muito mais que os trabalhadores, foi o que deu substância para a política de conciliação de classes no último período.

Mas o maná acabou. O crescimento médio anual nos quatro anos de Dilma foi de 1,5%, supondo-se a taxa de 0,2% em 2014 prevista pelo Banco Central. Para 2015 a previsão do governo é de 0,8%.

Neste cenário, não é mais possível um pacto social. Baixo crescimento econômico significa quase sempre instabilidade política e mobilização popular. Foi o que vimos renascer nos últimos anos.

O orçamento encolheu e a base de apoio também. Dilma ficou diante de uma encruzilhada. Ou enfrentava a crise com um programa de reformas estruturais, buscando uma base de apoio popular para enfrentar o Congresso e a banca, ou cedia à chantagem do mercado e da direita e avançava num governo orientado por medidas impopulares. Passadas as eleições, foi rápida em definir o caminho.

Indicou uma equipe econômica neoliberal, com a missão de fazer cortes de gastos. Aumentou os juros duas vezes em dois meses. Autorizou o reajuste do combustível e agora fala em abrir o capital da Caixa Econômica Federal. Na política seguiu a mesma toada, compondo o ministério com um show de horrores: Kassab, Kátia Abreu, pastor George Hilton, Helder Barbalho.

Ante a crise política, optou pelo aprofundamento de uma governabilidade conservadora. Ante a crise econômica, apostou na saída neoliberal com a esperança de retomar o investimento do setor privado na economia. Essas escolhas naturalmente terão um preço. O preço das políticas antipopulares: mobilizações de rua, ocupações, greves. Assim será 2015.

Não estamos diante de abstrações. Já se fala em corte de gastos de R$ 100 bilhões pela equipe econômica. Isso significa, evidentemente, redução de investimentos sociais e ataques a direitos trabalhistas e previdenciários. Aliás, já começaram, com o anúncio de novas regras para o seguro-desemprego e pensões.

Kassab no Ministério das Cidades representa o aprofundamento da política urbana voltada ao setor imobiliário. Nada de Estatuto das Cidades. Nada de Reforma Urbana. A política que na última década transformou as cidades brasileiras em barris de pólvora prestes a explodir. Problemas como moradia, mobilidade e distribuição territorial dos serviços públicos tendem a se agravar ainda mais.

Dilma tomará posse hoje com esse passivo social. De frente para o Congresso e de costas para os movimentos populares.

Seria estranho supor que esse conjunto de medidas gere passividade social, principalmente depois do que vivenciamos nos últimos dois anos.

São Paulo terá ainda suas batalhas particulares. Haddad e Alckmin já anunciaram o aumento das tarifas de transporte para os próximos dias, que será enfrentado pelas primeiras mobilizações do ano. E se não chover acima da média até março, o risco do colapso hídrico no estado permanece alto. E, com ele, o de revolta popular.

Por reformas populares, direitos sociais, moradia, transporte público e água, lutas não faltarão. 2015 promete!

[01.01.2015]

Dilma, Vargas e o Zepelim

A Geni de Chico Buarque acostumou-se em ser atacada a pedradas por onde quer que passasse. Até que um dia, com a chegada do zepelim, teve a oportunidade de enfrentar seus agressores, mas preferiu ceder. Talvez com a esperança de apaziguá-los ao fazer sua vontade. Mal foi embora o zepelim, as pedradas vieram em dobro e com fúria ainda maior.

Dilma apanhou da direita durante todo o ano de 2014. Teve dificuldades para aprovar qualquer coisa no Congresso, viu o ministro Gilmar Mendes acusar o bolivarianismo e boa parte de sua base aliada migrar para a candidatura de Aécio Neves (PSDB). Sofreu um massacre midiático escandaloso durante a campanha eleitoral. E, mais que tudo, viu parte da elite econômica que tanto ganhou nos governos petistas segurar investimentos e fazer a bolsa oscilar a cada pesquisa de intenção de voto.

Ganhou as eleições, num clima de mobilização social e com um discurso mais à esquerda. Os comícios do segundo turno mobilizaram uma base social e militante em defesa de mudanças e contra o retrocesso. Dilma, em vez de apoiar-se nessa base para propor mudanças progressivas, decidiu fazer a vontade dos derrotados e encarnar o retrocesso.

Acreditou que apaziguaria a direita dando-lhe boa parte dos ministérios e entregando a gestão da economia ao Bradesco. Caiu no conto da Geni. A posição da maior parte da mídia contra seu governo permanece intacta, e o Congresso Nacional irá extorqui-la a cada votação até o limite. Sem contar a ameaça real de eleger o deputado Eduardo Cunha presidente da Câmara, o que tornará sua "governabilidade" ainda mais conservadora[1].

---

[1] A eleição de Cunha se concretizou no dia 1º de fevereiro de 2014.

Deveria ter aprendido com o trágico fim de Getulio Vargas. Vargas retornou à presidência em 1951, após eleições com grande mobilização popular no ano anterior. Mas, diante de um parlamento hostil, optou – como Dilma – por desmobilizar as forças que o elegeram e compor um ministério ao agrado das elites mais atrasadas.

A pretensão de apaziguamento fracassou. Carlos Lacerda tramava um golpe por dia, usando a imprensa a seu favor. O parlamento e seu próprio ministério inviabilizaram o programa de governo.

E quando decidiu, em 1953, romper o cerco com medidas populares – criação da Petrobras e da Eletrobras, limitação da remessa de lucros e aumento de 100% no salário mínimo –, já não podia mais contar com sua base de apoio, desmobilizada por ele próprio. Atacado por todos os lados, restou-lhe o suicídio, em 24 de agosto de 1954.

O que esteve em questão, tanto em 1950 quanto em 2014, foi a atuação de uma elite que não tolera concessões e quer sempre mais. Não aceita regulamentar seus privilégios, mesmo que os mantenha. Não aceita mobilidade social, mesmo permanecendo no topo. Não aceita que alguém governe por ela, mesmo que em nome de seus interesses. A denúncia lacerdista do "mar de lama" é sua política, ontem e hoje. O monopólio da mídia e a chantagem parlamentar são seus instrumentos.

Pontuemos bem os fatos. Dilma não deu uma guinada da esquerda para a direita. Os governos petistas, de Lula a Dilma, nunca foram propriamente de esquerda. "Menas", disse ela na campanha quando confrontada com palavras de ordem socialistas de seus apoiadores. Em momento algum dos últimos doze anos foram pautadas as reformas necessárias para combater as desigualdades estruturais da sociedade brasileira.

Mas mesmo uma tímida política social e algumas pitadas de desenvolvimentismo na economia são inaceitáveis para esta elite financeira e seus aliados. Querem mais. Querem neoliberalismo puro-sangue, aumento da taxa Selic todo mês e superávits estratosféricos para pagar os credores da dívida – diga-se de passagem, eles próprios.

Querem um plano para privatizar a Caixa Econômica Federal e reduzir direitos trabalhistas. Querem também um ajuste fiscal rigoroso que corte investimentos sociais.

Em três meses pós-eleições, Dilma fez ou anunciou tudo isso. Se pretendeu dessa forma buscar um ponto de Arquimedes e ganhar segurança para alavancar futuros avanços políticos, faltou-lhe a memória da tragédia de Vargas. A elite brasileira vai querer sempre mais. Sempre haverá um novo direito a atacar, um novo corte a fazer e 0,5% de juros a aumentar. Sempre haverá um Eduardo Cunha e ameaças de CPIs como chantagem.

O cerco permanecerá firme e forte, insaciável. Na história política brasileira, um passo atrás não costuma ser seguido de dois à frente, mas sim de novos recuos. Que o diga Geni com suas pedradas.

[29.01.2015]

99 contra 1

Em janeiro de 2015, a organização britânica Oxfam apresentou um estudo sobre a concentração de renda no mundo. Os dados vieram de relatório do Credit Suisse e do anuário da *Forbes*. Os resultados são alarmantes.

Em 2009, a fatia 1% mais rica da população mundial detinha 44% de toda a renda. Esse número saltou em 2014 para 48%. Seguindo o mesmo ritmo, ultrapassará a metade em 2016 e chegará a 54% em 2020.

Ou seja, no ano que vem a renda do 1% mais rico ultrapassará a renda dos 99% restantes – 72 milhões de pessoas terão mais recursos do que os outros 7,1 bilhões.

Se há quem ainda ache pouco, tem mais. Na massa cheirosa do 1%, há os que são ainda mais cheirosos do que os outros. Os oitenta cidadãos mais ricos do mundo – incluindo dois brasileiros – apropriam-se sozinhos da mesma renda que os 50% mais pobres, isto é, mais de 3,6 bilhões de pessoas.

Opa, alto lá! Sempre ouvimos que é com trabalho que se enriquece, que as oportunidades do mercado são iguais para todos, não é? Então, ou temos oitenta cidadãos de bem e 3,6 bilhões de preguiçosos imprestáveis ou algo está muito errado em nossa sociedade "meritocrática".

Na verdade, os números do estudo da Oxfam revelam que este mercado é um jogo de cartas marcadas e que a tão propalada mobilidade social do capitalismo não passa de ilusão de óptica: de quem vê exceções no micro para convenientemente ocultar o macro.

As toneladas de discurso dos economistas da ordem sobre progresso econômico e social são menos científicas que a letra de axé: "o de cima sobe e o de baixo desce".

Se formos mais adiante, veremos ainda que mesmo entre os 99% – que hoje detêm 52% da renda – a desigualdade também é gritante. Dividindo esses 99%

em dois grupos teremos 20% com 46% da renda total e os 79% mais pobres com apenas 6% da renda total. Mais de três quartos da humanidade com 6% da renda!

O economista francês Thomas Piketty, em sua obra-prima lançada no Brasil no ano passado[1], já havia mostrado que desde os anos 1970 há um crescente aumento da desigualdade social nos países ricos.

A primeira década do século XXI reforçou essa tendência, apesar do crescimento econômico. Isso porque, diz Piketty, a taxa de rendimento do capital foi maior do que o crescimento da economia, ampliando a concentração de renda.

Crescimento não significa menos desigualdade. O bolo pode crescer e as fatias serem distribuídas de forma ainda mais excludente. É o que temos visto no mundo. Acreditar na filantropia institucional e em políticas assistenciais para reverter esse quadro representa ingenuidade ou cinismo.

A redução da desigualdade exige uma forte política distributiva, com taxação das grandes fortunas e do capital financeiro, interrupção do ciclo vicioso da dívida pública e ampliação consistente dos direitos trabalhistas e dos salários.

Foram essas bandeiras que levaram 300 mil às ruas de Madri na semana passada em apoio ao Podemos. Foram elas também que elegeram o Syriza na Grécia.

O 1% de sempre jamais cedeu nada às maiorias sem enfrentamento. Ao contrário, oferece mais arrochos e cortes de direitos, aqui e lá fora. Hoje há 1 contra 99. As lutas de resistência popular pelo mundo trazem novos ventos e anunciam que poderá chegar o dia em que serão 99 contra 1.

[05.02.2015]

---

[1] Thomas Piketty, *O capital no século XXI* (Rio de Janeiro, Intrínseca, 2014).

A quem interessa o *impeachment*?

"Golpe pela democracia." Essa pitoresca expressão foi cunhada por ninguém menos que Carlos Lacerda. Golpista nato, farejador de oportunidades, tentou derrubar em uma década quatro governos democraticamente eleitos. Derrubou dois: Getúlio em 1954 e Jango dez anos mais tarde. No meio-tempo, investiu contra as posses de Juscelino e do próprio Jango em 1961, sem o mesmo sucesso.

O lacerdismo combinou controle patrimonialista da imprensa, avalanches de denúncias de corrupção – criando a expressão "mar de lama" contra Getúlio – e servilismo aos interesses da elite, buscando atalhos para chegar ao poder que o voto popular insistia em lhe negar.

Eis que cinquenta anos depois ressurge o lacerdismo, com bico de tucano e pintado de verde e amarelo. O maior partido de oposição ao governo Dilma, o PSDB, passou a pregar abertamente o *impeachment* mal passado o luto pela derrota eleitoral. Lembra Hamlet: "Economia, Horácio! Servem os pastéis do enterro, mesmo frios, na mesa do noivado".

Ainda estavam quentes, na verdade. Mesmo antes da derrota, o ex-presidente do partido, José Aníbal, já havia postado em sua conta no Twitter: "Se tomar posse, não pode governar"[1]. Logo após, Aécio pediu recontagem dos votos. Em janeiro, já depois de posse, foi a vez de José Serra e Alberto Goldman, ex-governadores de São Paulo, defenderem o *impeachment*.

No início de fevereiro, FHC entrou em cena e encomendou um parecer nível porta de cadeia para o jurista Ives Gandra Martins. Vale dizer: membro da Opus

---

[1] Disponível em: <https://twitter.com/jose_anibal/status/524697787116830721>.

Dei, apoiador da ditadura militar e direitista contumaz. Seguindo a trama, após a divulgação da queda brutal de popularidade do governo Dilma, os senadores tucanos – Aécio, inclusive – passaram a falar do sentimento social em defesa do *impeachment*.

O circo foi montado, com direito até a convocações apócrifas para uma mobilização nacional. Agora, coloquemos a bola no chão e façamos diretamente a pergunta: a quem interessa um *impeachment* de Dilma?

Ao mercado? Com Levy na Fazenda, ajuste fiscal severo e aumento de juros, a elite financeira não tem razão alguma para apoiar manobras políticas arriscadas. Estão bem, obrigado.

Ao PMDB? É verdade que a eleição de Eduardo Cunha como presidente da Câmara e o fato de Michel Temer ser o primeiro na linha sucessória alimentam especulações e despertam interesses. Mas Cunha é acima de tudo um negociante. O mais provável é que ele pratique uma extorsão sistemática do governo e inflacione o preço do apoio do PMDB, estabelecendo de quebra vetos a pautas mais progressistas. Interessa mais a ele ter a abertura de um processo de *impeachment* como trunfo permanente de chantagem do que utilizá-lo de fato.

E tem mais. A denúncia do procurador-geral contra os políticos envolvidos na Lava Jato deve sair nos próximos dias. Se ela tiver um mínimo de seriedade – se não tiver sido elaborada nos porões do lacerdismo – não deixará pedra sobre pedra. Terá gente do PT, do PMDB, do PSDB e de quase todos os partidos do Congresso, sem se esquecer do próprio presidente da Câmara, que já foi citado em vazamentos e guarda ligação notória com grandes empreiteiras.

A faca do *impeachment* ou da cassação estará no pescoço de muitos, inclusive dos lacerdistas do PSDB. Será difícil encontrar quem esteja disposto a atirar a primeira pedra. Poderá ter efeito bumerangue.

No entanto, certamente haverá agitação social. Setores da mídia continuarão apostando no emparedamento do governo, fortalecendo um clima pró-*impeachment*. Parte mais intrépida da elite financeira deve jogar fichas numa rendição total de Dilma no tema da Petrobras, com a revisão do modelo de partilha do pré-sal e avanço na privatização. E as camadas médias urbanas, que vestiram a camisa do antipetismo, farão sua parte com marchas de rua udenistas.

Nesse cenário, quem defenderá Dilma de um desgaste irreversível? Os trabalhadores? Muito difícil. Com ataque a direitos, corte de investimentos sociais e tarifaço, o governo não deve esperar grande respaldo das ruas. A queda da popularidade revela isso de modo inequívoco.

Seria um erro pensar que a queda está associada às denúncias de corrupção, que foram uma constante durante os últimos anos. Nas eleições foram amplificadas aos quatro ventos e mesmo assim Dilma ganhou. A perda de apoio revela principalmente um sentimento popular de traição. O povo votou em mais direitos e levou ajuste fiscal.

É evidente que os movimentos populares não aceitarão o golpismo. O PSDB não tem autoridade moral para falar de *impeachment*, muito menos para acusar estelionato eleitoral. Mas também ninguém está disposto a dar um novo cheque a Dilma. O cheque dado nas eleições foi descontado na conta dos trabalhadores.

Se Dilma quer ter condições de apelar às ruas em defesa de seu governo precisa antes tornar seu governo defensável. Os movimentos enfrentarão o golpismo, mas com a mesma energia que enfrentarão as medidas impopulares do governo.

[12.02.2015]

Cesare Battisti e o *homo sacer*

Homo sacer é uma figura da antiga lei romana que execrava um cidadão, retirando todos os seus direitos civis. Aquele que fosse decretado *homo sacer* não estaria mais ao abrigo de qualquer proteção legal e poderia ser morto impunemente. Eram inclusive vetados a ele os sacrifícios rituais.

O filósofo italiano Giorgio Agamben retomou essa figura para tratar de um regime de anomia, onde o estado de exceção torna-se regra[1]. O conceito foi utilizado para pensar ainda casos como o da prisão norte-americana de Guantánamo, onde os sujeitos estão num limbo jurídico, fora de qualquer lei definida.

Para o *homo sacer*, a lei está em função do poder, em estado de indefinição, podendo pender arbitrariamente para qual lado for.

Pois essa figura – que, afinal, não nos é totalmente estranha – está prestes a ser oficialmente inserida no ordenamento jurídico brasileiro. Desrespeitando a decisão soberana do presidente da República e do Supremo Tribunal Federal, a juíza da 20ª vara federal de Brasília determinou a deportação do militante e escritor italiano Cesare Battisti.

Cesare foi preso na Itália em 1979 sob as acusações de "participação em atividade subversiva", documento falso e porte de armas. Foi condenado em 1981 a treze anos de prisão, num processo judicial repleto de irregularidades. Posteriormente, com base em duvidosas confissões de ex-militantes, foi agregado ainda à sua pena o crime de homicídio.

---

[1] Giorgio Agamben, *Homo sacer: o poder soberano e a vida nua I* (trad. Henrique Burigo, Belo Horizonte, Ed. UFMG, 2002) e *Estado de exceção [Homo sacer, II, I]* (trad. Iraci D. Poleti, São Paulo, Boitempo, 2004).

Preso político, ele conseguiu escapar refugiando-se na França e, posteriormente, no México, sempre à mercê das flutuações ideológicas de cada país. Veio, então, ao Brasil, onde foi preso em 2007.

No fim de 2010, o presidente Lula nega a extradição de Cesare para a Itália por conta do notório risco de vida que correria em seu país de origem. A decisão foi confirmada pelo Supremo Tribunal Federal, a instância máxima do judiciário brasileiro.

Mesmo assim, Cesare permaneceu preso até meados de 2011 e só obteve seu visto de permanência em 2014, podendo então ter legalizada sua situação no Brasil pelo registro nacional de estrangeiros.

Fim da novela? Seria, não fosse Cesare Battisti tratado como *homo sacer*, sem direitos constituídos e tendo seu destino arbitrariamente definido por qualquer promotor ou juiz de primeira instância. O abuso é inacreditável.

A tentativa de legitimar a decisão diferenciando a extradição de deportação é de um casuísmo flagrante[2]. Na prática, a decisão busca reverter os desdobramentos de um processo encerrado e julgado pela corte suprema do país.

Onde estão agora os fervorosos defensores do estado de direito para denunciar as ilegalidades contra Cesare Battisti?

Aguardamos ansiosamente o ministro Gilmar Mendes se insurgir contra a juíza do caso em defesa da autonomia do STF. Foi o que ele fez contra o juiz Fausto de Sanctis em 2008 para defender a liberdade do banqueiro Daniel Dantas.

Dois pesos, duas medidas?

Essas são as questões que estarão postas ao Supremo Tribunal Federal no julgamento da prorrogação indevida do caso Cesare Battisti.

[05.03.2015]

---

[2] A juíza do caso alegou que a decisão presidencial, legitimada pelo STF, teria negado a *extradição*, mas não a *deportação*. A deportação poderia ser feita para os países pelo qual Battisti passou: França e México. Porém, como nada obriga esses países a recebê-lo, na prática, a deportação tenderia a ter o mesmo efeito da extradição.

Onde estavam?

Quem acha que já viu tudo ficou pasmo no Dia Internacional da Mulher. Mal iniciado o discurso de Dilma sobre a ocasião, alguns dos bairros mais ricos e bem-comportados das capitais do país foram invadidos por um bater de panelas e xingamentos contra a presidente e o PT. Foi a revolta da varanda.

Cheios de indignação, homens de bem, cidadãos respeitadores da lei e da ordem e jovens educados nas melhores escolas soltaram o verbo. Estavam cumprindo um dever patriótico, em defesa da moral e do povo brasileiro.

Muito bem. Mas como perguntar não ofende... Onde estavam eles, no dia anterior, quando dez pessoas foram brutalmente assassinadas numa chacina no Jardim São Luiz, zona sul de São Paulo?

Há suspeita de que os autores tenham sido policiais militares. Aliás, a polícia matou, neste ano (ainda estamos em março), uma pessoa a cada dez horas nas periferias paulistas. Ah, se fosse nos Jardins, a República já tinha caído.

Dez homicídios. Paz nas sacadas.

Mas não sejamos injustos! Eles estão preocupados com temas maiores. É o Brasil que está em jogo. Está bem então. Onde estavam eles na maior entrega do patrimônio nacional, quando se repassaram os minérios, as telecomunicações e a energia para controle estrangeiro?

A privataria da Vale, da Telebras e do setor elétrico foi um crime de lesa-pátria e levou a perdas financeiras inestimáveis. Como se não bastasse, as privatizações foram conduzidas de modo corrupto, "no limite da irresponsabilidade", como disse à época um tucano.

E, para não ser acusado de "petralha", tomemos um fato mais recente. Onde estavam eles em 2013 durante o leilão do Campo de Libra – coração do pré-sal–, que entregou parte do petróleo a empresas multinacionais?

Silêncio em Perdizes. Nenhuma panela nas varandas do Lago Sul. Talvez não estejamos compreendendo. A questão é a corrupção! Não podemos ficar parados vendo toda esta roubalheira!

Pois bem, vamos lá. Onde estavam eles quando, após a Operação Satiagraha, o banqueiro Daniel Dantas foi libertado e o processo anulado mesmo com todas as provas de corrupção, suborno e lavagem de dinheiro?

Onde estavam quando, em 2014, a sonegação fiscal – especialmente por grandes empresas e ricaços – roubou mais de R$ 500 bilhões dos cofres públicos em um ano, ultrapassando os R$ 415 bilhões do ano anterior? R$ 500 bilhões equivalem a mais de cem vezes os recursos desviados da Petrobras na investigação da Operação Lava Jato.

E onde estavam em fevereiro, quando explodiu o escândalo do HSBC pelo qual 342 magnatas brasileiros, junto com colegas de outros países, enviaram ilegalmente bilhões de dólares para o banco na Suíça?

Silêncio em Moema. Nenhuma panela nas varandas do Leblon.

Falta coerência à elite urbana do país. São arautos da moralidade seletiva e chegaram bem atrasados para denunciar a corrupção nacional. Não me lembro de ter visto nenhum deles no último domingo pedindo reforma política com o fim do financiamento empresarial das campanhas.

Seu antipetismo, cada vez mais histérico, não é pelo muito que os governos petistas deixaram de fazer, mas pelo pouco que fizeram.

É evidente que o discurso de Dilma não merecia nenhum aplauso. Dizer que o ajuste fiscal – que faz os trabalhadores pagarem pela crise – foi um ato de "coragem" é inaceitável. Corte de investimentos sociais, aumento de tarifas e ataque a direitos trabalhistas é, sim, um ato de covardia.

Mas não é isso que indigna a turma da varanda. Envenenados por uma mídia que quer sangrar o governo e flerta com o *impeachment*, acreditando, alguns desavisados, que estão numa cruzada pelo Brasil, na verdade representam a tentativa de impor uma saída conservadora à crise do petismo.

É isso que novamente estará nas ruas em 15 de março de 2015.

Talvez sirva como lição para Dilma se dar conta de que a crise política está além dos muros do Congresso. E de que, se quer apoio popular para enfrentar a direita nas ruas, precisará reverter as medidas impopulares de seu governo. Fazer o ajuste para o outro lado, com taxação das grandes fortunas, política de combate à sonegação e garantia de todos os direitos e investimentos sociais. Este sim seria um ato de coragem. E faria a turma da varanda perceber que era feliz e não sabia.

[09.03.2015]

Sobre o 15 de março

Convocadas pela mídia e capitaneadas por obscuros grupelhos de direita, multidões foram às ruas do país em 15 de março de 2015. O que se viu foram níveis recordes da Escala F, criada por Theodor Adorno para medir as tendências fascistas que emergem nas democracias liberais.

Pais de família fazendo ofensas misóginas à presidenta da República. Um torturador da ditadura aclamado no carro de som ao discursar que "conhece essa gente e só não metralhou a todos porque faltou oportunidade". Ataques físicos a setores da imprensa e tentativas de espancamento a quem vestisse vermelho ou destoasse do consenso coletivo.

Um discurso anticomunista tal qual o da Marcha da Família com Deus pela Liberdade, que preparou o golpe de Estado de 1964. Aliás, não faltou quem defendesse a intervenção militar como saída para o país. Longe de ser algo isolado – como quis fazer crer a grande mídia –, os golpistas estavam totalmente à vontade e de acordo com o clima dos atos. A PM foi exaltada. A tropa de choque, em São Paulo, ganhou flores e *selfies*.

Respondeu a gentileza à altura. Estimou em 1 milhão de participantes a mobilização, que o Datafolha mostrou ter pouco mais de 200 mil. Curioso que se trata da mesma PM de notória avareza nos números quando quem está nas ruas são movimentos populares organizados.

De todo modo, é inegável que as mobilizações foram expressivas numericamente. Quem deu corpo a elas em todo o país foi a classe média urbana, que se divorciou do PT após 2005. Esse divórcio foi analisado brilhantemente por André Singer, em seus estudos sobre a base social do lulismo[1]. E cada vez mais,

---

[1] André Singer, *Os sentidos do lulismo* (São Paulo, Companhia das Letras, 2012).

como costuma ocorrer nas separações ressentidas, o divórcio transforma-se em ódio. Ódio cego e voraz.

Baseadas nesse ódio, a direita e a mídia brasileiras adotaram no 15 de março o modelo venezuelano de oposição, apesar de não termos aqui um governo de esquerda como na Venezuela. As principais redes de televisão convocaram a mobilização com grande antecedência e fizeram uma cobertura digna de Copa do Mundo.

A mídia inflou e defendeu o civismo da luta contra a corrupção. Ela mesma que tem alguns de seus grandes representantes sendo investigados no esquema de sonegação e evasão de divisas do caso HSBC. Coerência não é o seu forte.

O mesmo se dá com a direita. Aécio Neves foi a público para defender a cassação de registro dos partidos envolvidos em corrupção, buscando atacar o PT. Se sua proposta vigorasse, não poderia ter sido candidato à presidência, dada a lista de escândalos envolvendo seu partido e a ele próprio. Aliás, ver Agripino Maia, José Aníbal e Aloysio Nunes em um ato contra a corrupção é assunto para humoristas.

No entanto, mesmo tendo claro o oportunismo da mídia, o assanhamento da direita e a histeria protofascista dos atos, o dia 15 não se resumiu a isso. (Felizmente, nem todos os que foram às ruas são de direita. Sem falar nos muitos que não foram às ruas, mas apoiaram as manifestações.) O dia 15 representou o esforço da direita – com pesado suporte midiático – em surfar na onda da insatisfação popular. A indignação com a corrupção e principalmente com a deterioração das condições econômicas está longe de ser pauta de direita. Aliás, ao longo da história foram quase sempre pautas da esquerda.

Nesse mesmo sentido, o dia 15 também demonstrou a incapacidade da direita em oferecer respostas concretas para essa insatisfação. Contra corrupção: Fora, PT! Contra o aumento de tarifas: Fora, PT! Por saúde e educação: Fora, PT!

É de um infantilismo gritante, que revela a falta de projeto político da direita brasileira. Ou melhor, seu projeto real não pode ser expresso à luz do dia, por ser ainda mais antipopular do que o que vem sendo aplicado no país. Por isso só lhe resta tentar canalizar a insatisfação social e o ódio da classe média em palavras de ordem vazias.

No entanto, como o quadro é grave e o apoio popular ao governo derrete a cada dia, pode até ter êxito em seus objetivos, seja com golpe paraguaio[2] ou, mais provável, com a tática da sangria progressiva.

---

[2] Referência ao golpe parlamentar contra o presidente paraguaio Fernando Lugo, em 2012.

O governo petista, atônito e imobilizado, mantém a mesma rota. Firme na crença de que a tempestade é passageira e, após a provação, virá a calmaria. Se seguir sem iniciativa e subestimando sua deterioração, pode não estar lá para ver. Precisa entender que o recuo nas medidas impopulares tornou-se questão de sobrevivência.

O ajuste fiscal e o aumento de tarifas são a onda na qual a direita golpista surfa. São as condições que garantem um apoio popular difuso às manifestações como a do dia 15.

Aprofundar o ajuste para manter o apoio – ainda assim duvidoso – da burguesia financeira em meio à crise é uma política errática. Pode manter a governabilidade na banca, mas destruí-la nas ruas.

O momento exige iniciativa decidida. Hesitar em combater o golpismo é um crime político que poderá custar caro. Hesitar em fazer recuar o ajuste fiscal é uma cegueira em relação às razões maiores da insatisfação popular.

O governo hesita. Caberá aos movimentos sociais apontar o caminho.

[19.03.2015]

Querem acabar com a CLT

O PMDB declarou guerra aos trabalhadores e aos direitos sociais. Resolveu aproveitar o clima de incerteza política para enfiar um pacote de maldades na pauta do Congresso Nacional.

O enfraquecimento do governo Dilma fez Renan Calheiros e Eduardo Cunha se arvorarem como donos da República. Resta saber com que autoridade moral. Os dois peemedebistas são investigados na Lava Jato e a aprovação do Congresso – presidido por eles – consegue ser pior que a do governo: 9% da população.

Mesmo assim, partiram pra cima.

Primeiro, Cunha deu celeridade à PEC 352/13 da contrarreforma política. Utiliza-se hipocritamente do sentimento contra a corrupção para aprová-la. É quase como milhares irem às ruas contra o preço da batata e, em resposta ao clamor popular, o Congresso aprovar uma taxação de 200% sobre a produção de batatas.

A PEC, chamada sarcasticamente por ele de reforma política, na verdade regulamenta a corrupção ao enxertar na Constituição Federal o financiamento empresarial das campanhas eleitorais, fonte notória de 11 entre 10 esquemas.

A Câmara resolveu também na última semana recuperar a PEC 171/93 de redução da maioridade penal, paixão antiga dos conservadores, que querem jogar o fracasso da política militarizada de segurança pública nas costas de crianças e adolescentes.

O número da PEC não poderia ser mais apropriado: 171. É, de fato, um estelionato político para "solucionar" o problema da violência urbana.

Renan Calheiros resolveu também mostrar as garras e colocou na pauta do Senado a famigerada lei antiterrorismo, o PLS 499/13. Levantado no período da Copa e engavetado por pressão popular, o projeto é um ataque frontal ao direito de manifestação. Sob o pretexto de combater o terrorismo, abre espaço para a criminalização dos movimentos sociais, por conta de suas definições genéricas e penas duras.

Esses três casos – contrarreforma política, redução da maioridade penal e lei antiterror – receberam alguma atenção da mídia e já têm suscitado reações populares, embora ainda insuficientes para barrá-los.

Mas há outro ataque, de extrema gravidade, que praticamente não tem recebido atenção nenhuma. É o caso do PL 4330/04, que Eduardo Cunha pretende colocar em votação na Câmara em breve. Na surdina, querem acabar com a CLT. O projeto de lei libera a terceirização para todas as atividades, precarizando as relações trabalhistas e atacando a organização sindical.

Atualmente, a terceirização só é permitida para a atividade-meio das empresas, sendo vetada para a atividade-fim. Ou seja, uma montadora de automóveis pode terceirizar o serviço de limpeza, mas não a linha de produção.

Esse limite representa uma garantia contra a precarização de salários e direitos trabalhistas. A terceirização implica a existência de empresas intermediárias de mão de obra, que impõem piores condições de trabalho e dificultam a fiscalização e a organização sindical dos trabalhadores. O PL 4330 legitima a figura do intermediário.

Hoje, cerca de 25% dos trabalhadores com carteira assinada são terceirizados no Brasil. Se o projeto for aprovado, esse número vai explodir. E, com ele, a degradação dos direitos trabalhistas.

Dados do Dieese atestam que o salário médio dos terceirizados é 27% menor que o dos trabalhadores diretos. Os terceirizados têm uma jornada semanal de três horas a mais que os diretos. E ficam menos da metade do tempo no emprego, em média 2,6 anos contra 5,8 anos dos demais trabalhadores.

Salário menor, jornada maior e alta rotatividade. Essas são as condições que os deputados, sob o comando de Eduardo Cunha, querem impor ao conjunto dos trabalhadores do país.

O tamanho do ataque à legislação trabalhista se mede pelo fato de que 19 dos 26 ministros do Tribunal Superior do Trabalho (TST) assinaram manifesto contrário ao PL 4330. Mas a bancada empresarial no Congresso não está nem aí e quer aprovar a nova lei a toque de caixa para, em tempos de crise, jogar mais uma vez a conta no colo do trabalhador.

Sem reação popular, esse e os demais projetos do pacote do retrocesso serão aprovados entre um cafezinho e outro em Brasília. Será preciso uma ampla mobilização para reverter o jogo.

[26.03.2015]

A saída é pela esquerda

Se a discussão a respeito de saídas está na ordem do dia, é porque estamos diante de uma crise no Brasil. Crise econômica, que não é apenas doméstica, mas que agora parece ter um impacto mais grave por aqui, com risco real de recessão. Crise política, com a fragmentação da base parlamentar que sustentou a governabilidade desde 2003. E, finalmente, crise social, com movimentação mais ativa e radical das classes e dos segmentos sociais que pareciam pacificados até então.

Na verdade, essas dimensões revelam a crise de uma estratégia para o país. A estratégia aplicada pelo PT desde que chegou ao governo federal encontra hoje limites estruturais para seguir adiante. Em linhas gerais, a política dos governos petistas consistiu em proporcionar determinados avanços sociais sem nenhuma reforma distributiva na sociedade e no Estado brasileiros. As condições de vida melhoraram inegavelmente para os mais pobres durante os primeiros doze anos do PT no governo: aumento progressivo do salário mínimo, expansão do crédito, geração expressiva de novos empregos e implementação de programas sociais subsidiados. Essas mudanças não tocaram, no entanto, no tema distributivo. Foram manejos orçamentários, baseados essencialmente no aumento de gastos públicos e, portanto, dependentes do aumento da arrecadação. Logo, do crescimento econômico. Distribuição efetiva de renda e enfrentamento dos privilégios seculares da elite brasileira, isso ninguém viu. Ao contrário: "Nunca antes na história deste país" os bancos ganharam tanto nem as empreiteiras e o agronegócio tiveram tantos motivos para euforia.

Foi a partir dessas bases que se cimentou o pacto social "lulista". Construiu-se um consenso político-social no qual aparentemente todos ganhavam. Mas essa mágica não poderia ser eterna.

A margem para avanços sem reformas costuma ser estreita, principalmente em países com estrutura social e política tão desequilibrada, como é o nosso. A piora das condições econômicas internacionais foi o gatilho para deteriorar as bases do pacto e fomentar a crise. O apoio social declinou, a base parlamentar encolheu e as ruas voltaram a ser palco da política, para a direita e para a esquerda.

Diante da encruzilhada, a decisão do governo petista neste segundo mandato de Dilma foi a de acenar desesperadamente à burguesia para manter seu apoio, com a esperança de retomar condições para o "ganha-ganha". Mas a elite brasileira parece não estar mais interessada nessa recomposição. Mesmo com um ajuste fiscal severo e aumentos compulsivos na taxa de juros, parte da classe dominante permanece hostil ao governo e nada disposta a retomar investimentos. Querem mais, aproveitar a instabilidade política para impor um pacote de contrarreformas. Para isso, manter Dilma na lona ou golpear de vez o PT podem ser alternativas interessantes.

A direita já definiu seu caminho. O governo quer agradá-la a todo custo. A esquerda precisa construir sua saída para a crise. Essa saída passa pela definição de uma estratégia de enfrentamento, em nome das reformas populares ainda hoje interditadas. Não há consenso possível com bancos e grandes empresários para uma reforma tributária progressiva nem com o agronegócio para uma reforma agrária e muito menos com a Globo para uma reforma democrática das comunicações.

Estamos num limiar onde ou se avança ou se retrocede. E a margem para avanços sem conflitos parece estar esgotada. A polarização social não é por acaso. A esquerda brasileira tem de assumir, de forma decisiva, um programa de reformas estruturais. É a nossa saída para a crise.

Àqueles que usam e abusam do argumento das "relações de força desfavoráveis" para legitimar a covardia política de sempre recuar – e que, com um recuo após outro, acabam do lado oposto da trincheira –, a eles é sempre bom relembrar que relações de força se compõem e se alteram também por iniciativas políticas. São dinâmicas, não estáticas.

Por exemplo, se Dilma tivesse enviado um projeto de taxação das grandes fortunas ao Congresso no início de 2015, dificilmente teria votos para aprovação. Mas isso geraria caldo de mobilização social. E o Congresso, em vez de impor sua própria agenda, iria para a defensiva ao ter de explicar para a sociedade por que não quer que milionários paguem impostos.

Cabe à esquerda, sem esperar nada do governo petista, pautar sua agenda política de reformas estruturais como saída para a crise e fazer o enfrentamento para construir um novo patamar de relações de força no Brasil.

Artilharia

Reinaldo Azevedo
e a direita delirante

A direita brasileira já foi melhor. Teve nomes como Roberto Campos e José Guilherme Merquior entre seus quadros, formulando sobre teoria econômica e política internacional. Naquele tempo, a direita recorria a argumentos, além do porrete. Hoje restou apenas o porrete, aplicado a esmo sem maiores requintes de análise.

Impressiona o baixo nível intelectual dos representantes da direita no debate público nacional. Não elaboram, não buscam teoria nem referências. Não fazem qualquer esforço para interpretar seriamente a realidade. Apenas atiram chavões, destilando preconceitos de senso comum e ódio de classe.

Reinaldo Azevedo é hoje o maior representante dessa turma. Com 150 mil acessos diários em seu blog, mostra que há um nicho de mercado para suas estripulias. Ao lado dele tem gente como Rodrigo Constantino, aquele que se orgulha das viagens a Miami e que despontou como legítimo defensor dos sacoleiros da Barra da Tijuca.

Antes os intelectuais de direita iam fazer estudos em Paris. Agora vão comprar roupas em Miami. Sinal dos tempos e das mentes.

Dispostos a tudo para fazer barulho no debate público, mas sem substância em suas análises, aproximam-se frequentemente de um discurso delirante.

Reinaldo Azevedo jura que o governo petista quer construir o comunismo no Brasil. E, vejam, ele não está falando do Lula de 1989, mas do governo do PT de 2003 a 2014. Sim, o mesmo que garantiu lucros recordes aos bancos e empreiteiras na última década. Que manteve as bases da política econômica conservadora e que nem sequer ensaiou alguma das reformas populares historicamente defendidas pela esquerda. Nesse governo que, com muito esforço, pode ser apresentado como reformista, ele enxerga secretas intenções socializantes. Certamente com o apoio da Odebrecht e de Kátia Abreu. Só no delírio...

Para ele, João Goulart é que era golpista em 1964. Os *black blocs* são amigos do ministro Gilberto Carvalho. E as pessoas só são favoráveis às faixas exclusivas de ônibus por medo de serem acusadas de elitistas. Ah, sim, sem esquecer que a mídia brasileira – a começar pelas Organizações Globo – é controlada sistematicamente pela esquerda.

Ele baba, ele xinga. Ofende os fatos e fantasia perigos. Lembra, embora com menos poesia, dom Quixote atacando os moinhos de vento.

A pérola mais recente é escabrosa: Israel seria vítima do marketing internacional do Hamas[1]. No momento em que o mundo vê a olhos nus centenas de palestinos serem massacrados na Faixa de Gaza, ele denuncia uma conspiração internacional de mídia contra o Estado de Israel. Encontrou eco no também direitista delirante Luiz Felipe Pondé, em artigo publicado na *Folha de S.Paulo*[2].

Teoria da conspiração vá lá, até pode ter seu charme; mas, como dizia Napoleão, entre o sublime e o ridículo há apenas um passo. Reinaldo Azevedo e seus sequazes já atravessaram faz tempo essa fronteira.

De fato, os textos que tem se prestado a publicar acerca do genocídio na Palestina já superaram o ridículo. Chegaram ao cinismo. Dizer que as crianças mortas na Faixa de Gaza são marketing é uma afronta do mesmo nível da deputada sionista que defendeu o extermínio em série das mulheres palestinas para impedir a procriação. É apologia covarde ao genocídio e ao terrorismo de Estado.

A direita se diferencia da esquerda, dentre outras coisas, pela análise dos fatos. Mas não por criar fatos ou ignorá-los. Ao menos quando tratamos de uma direita séria. No caso de Reinaldo Azevedo e dos seus, estamos num outro campo. Não é apenas a direita. É uma direita delirante. A psiquiatria clínica é clara: a negação dos dados da experiência, somada a uma reconstrução da realidade pela fantasia,

---

[1] Reinaldo Azevedo, "Israel tem maior perda de soldados num dia desde a Guerra do Líbano, em 2006. E a máquina de propaganda do Hamas", *Veja*, Blog Reinaldo Azevedo, 21 jul. 2014. Disponível em: <http://veja.abril.com.br/blog/reinaldo/geral/israel-tem-maior-perda-de-soldados-num-dia-desde-a-guerra-do-libano-em-2006-e-a-maquina-de-propaganda-do-hamas/>.

[2] Luiz Felipe Pondé, "Marketing geopolítico", *Folha de S.Paulo*, 21 jul. 2014. Disponível em: <http://www1.folha.uol.com.br/colunas/luizfelipeponde/2014/07/1488638-marketing-geopolitico.shtml>.

chama-se delírio. Aqui há ainda o agravante da fixação em temas recorrentes. PT, movimentos populares e mais uns dois ou três.

Um delírio em si é inofensivo. O problema é quando começa a juntar adeptos, movidos por ódio, preconceitos e mentiras. É assim que nascem os movimentos fascistas. Quem defende extermínio higienista em Gaza também deve defendê-lo no Complexo do Alemão ou em Paraisópolis.

Reinaldo Azevedo certamente ainda não representa um risco político real, mas o crescimento de seus seguidores é um sintoma preocupante da intolerância e do desapego aos fatos que ameaçam o debate público no Brasil.

[24.07.2014]

Gilmar Mendes
e o bolivarianismo

O ministro do Supremo Tribunal Federal, Gilmar Mendes, saiu "às falas" mais uma vez. Deu uma entrevista à *Folha de S.Paulo* alardeando o risco de "bolivarianismo" no Judiciário brasileiro[1].

Afinado, como sempre, com o PSDB e ecoando as vergonhosas marchas de Bolsonaro e companhia, apontou a iminente construção de um projeto ditatorial do PT, que passaria pela cooptação das cortes superiores. Não poderia deixar de recorrer ao jargão da moda.

Gilmar Mendes, todos sabem, é um bravateiro de notória ousadia. Certa vez, chamou o presidente Lula "às falas" por conta de um suposto grampo em seu gabinete, cujo áudio até hoje não apareceu. Lula cedeu e demitiu o diretor da Agência Brasileira de Inteligência (Abin).

Mais recentemente, o ministro comparou o Tribunal Superior Eleitoral a um "tribunal nazista" por ter barrado a candidatura de José Roberto Arruda (PR) ao governo do Distrito Federal. O único voto contrário foi o dele.

O próprio Arruda afirmou que FHC – que indicou Mendes ao STF – trabalhou em favor de sua absolvição. Para quem não se recorda, Arruda saiu do palácio do governo direto para a prisão após ser filmado recebendo propina.

Quem vê o ministro Gilmar Mendes em suas afirmações taxativas e bradando contra o "bolivarianismo" pensa estar diante do guardião da República. Parece ser

---

[1] Valdo Cruz Severino Motta, "STF não pode se converter em uma 'corte bolivariana', defende Gilmar", *Folha de S.Paulo*, Poder, 3 nov. 2014. Disponível em: <http://www1.folha.uol.com.br/poder/2014/11/1542317-o-stf-nao-pode-se-converter-em-uma-corte-bolivariana.shtml>.

o arauto da moralidade, magistrado impermeável a influências de ordem política ou econômica e defensor da autonomia dos poderes.

Mas na prática a teoria é outra. Reportagem da revista *CartaCapital*[2], em 2008, mostrou condutas nada republicanas de Mendes em sua cidade natal, Diamantino (MT), onde sua família é proprietária de terras e seu irmão foi prefeito duas vezes.

Lobbies, favorecimentos e outras suspeitas mais. Mendes, que questionou o PT por entrar com ação contra a revista *Veja*, processou a revista *CartaCapital* por danos morais.

Já o livro *Operação banqueiro*, de Rubens Valente, mostra as relações de Mendes com advogados de Daniel Dantas, que, após ser preso pela Polícia Federal na Operação Satiagraha, foi solto duas vezes pelo ministro em circunstâncias bastante curiosas. Na época, ele também acusou uma ditadura da PF, mostrando o que parece ser seu estratagema predileto.

Mais recentemente, seu nome foi envolvido na investigação da Operação Monte Carlo, sob a suspeita de ter pegado carona no jatinho do bicheiro Carlinhos Cachoeira, na ilustre companhia do senador Demóstenes Torres, cassado depois por seu envolvimento no escândalo. Em julho deste ano, Mendes deu uma liminar que permitiu a Demóstenes voltar ao trabalho como procurador de Justiça.

São denúncias públicas, nenhuma delas inventada pelo bolivariano que aqui escreve. Assim como é público que o ministro mantém parada há sete meses a ação da Ordem dos Advogados do Brasil (OAB) que propõe a inconstitucionalidade do financiamento empresarial de campanhas e que já obteve a maioria dos votos no Supremo, antes de seu pedido de vistas[3].

Ou seja, a trajetória de Gilmar Mendes está repleta de ligações políticas e partidárias, aquelas que ele acusa nos outros magistrados, os bolivarianos. Afinal, o que seria uma "corte bolivariana"? Se tomarmos os três países sul-americanos que assim são identificados – Venezuela, Bolívia e Equador –, veremos que todos passaram por processos de reformas no Judiciário.

No caso da Bolívia, a reforma incluiu o voto popular direto para juízes, estabelecendo um controle social inédito sobre o Poder Judiciário. O mesmo controle

---

[2] Leandro Fortes, "Nos rincões dos Mendes", *Carta Capital*, v. 15, n. 522, 19 nov. 2008. Disponível em: <http://www.revistaforum.com.br/mariafro/2012/05/31/leandro-fortes-nos-rincoes-dos-mendes/>.

[3] Na data de publicação deste livro já se completa mais de um ano do pedido de vistas de Gilmar Mendes.

que já existe sobre o Executivo e o Legislativo. Por que o Judiciário fica de fora? Por que não presta contas para a sociedade? Não, aí é bolivarianismo!

Na Venezuela e no Equador o foco das reformas foi o combate das máfias de toga e dos privilégios de juízes. Privilégios do tipo do auxílio-moradia que os juízes brasileiros ganharam de presente do STF neste ano. Mais de R$ 4 mil por mês para cada juiz. A maioria deles tem casa própria, mas mesmo assim poderá receber o auxílio. Cada auxílio de um juiz poderia atender a oito famílias em situação de risco.

O Judiciário é o único poder da República que, no Brasil, não tem nenhum controle social. Regula a si próprio e estabelece seus próprios privilégios. Mas questionar isso, dizem, é questionar a democracia. É bolivarianismo.

Este tal bolivarianismo produziu reformas estruturais e populares por onde passou. Os indicadores mostram redução da desigualdade social, da pobreza, dos privilégios oligárquicos e avanços consideráveis nos direitos sociais. Basta ter olhos para ver e iniciativa para pesquisar. Os dados naturalmente são de organismos bolivarianos, como a ONU e a Unesco.

Pena que nessas terras o bolivarianismo seja apenas um fantasma. Fantasma que a oposição usa para acuar o governo e o governo repele como se fosse praga. Afinal, Gilmar Mendes pode chamá-lo "às falas".

[13.11.2014]

Natal sem hipocrisia

Hoje é Natal. Quase um terço da população mundial celebra o nascimento de Jesus Cristo. Só no Brasil são mais de 160 milhões de cristãos. A data, é verdade, tornou-se mais que tudo um grande evento comercial, mas vale a pena aproveitarmos a ocasião natalina para uma breve reflexão.

Jesus Cristo, do modo como nos apresenta a Bíblia, não era um apologeta da ordem e da tradição. Enfrentou os poderosos de seu tempo e defendeu ideias que a consciência dominante não podia admitir.

Não por acaso, morreu na cruz, depois de perseguido, preso e torturado. Como gosta de lembrar Frei Betto, Jesus não morreu de hepatite na cama nem atropelado por um camelo em alguma esquina de Jerusalém. Morreu como preso político nas mãos do prefeito Pôncio Pilatos e dos sacerdotes judeus. Isso, as Escrituras nos dizem.

Nos falam também sobre as razões que fizeram de Jesus tão odiado pelos poderosos. Defendeu a igualdade e os mais pobres, condenando aqueles que se apegavam demais às riquezas: "É mais fácil um camelo passar pelo fundo de uma agulha do que um rico entrar no Reino de Deus" (Mateus 19, 24).

Defendeu a divisão dos bens, como signo da igualdade social: "Encheu de bens os famintos, e despediu vazios os ricos" (Lucas 1, 53). E assim o fez, partilhou o pão e os peixes entre todos (Marcos 6, 41).

Jesus enfrentou também decididamente os preconceitos, como mostra o caso bíblico da mulher samaritana (João 4, 1-42). Acolheu os marginalizados (Marcos 7, 31) e foi misericordioso com as prostitutas (Lucas 7, 36-50). Combateu o ódio e a intolerância.

Hoje, 2 mil anos depois, nosso mundo permanece profundamente desigual. Os 2% mais ricos da população mundial detêm mais da metade de todas as riquezas, enquanto os 50% mais pobres detêm apenas 1%. Os donos do poder, via de regra, continuam atuando para manter essa estrutura de privilégios e reprimir o povo quando ousa enfrentá-la.

Muitos dos que hoje se dizem cristãos consideram a desigualdade fato imutável e a legitimam pelo discurso hipócrita da meritocracia. Sem falar no ódio e na intolerância. Defendem o linchamento público de "marginais", silenciam com cumplicidade ante a chacina da juventude negra nas periferias, ofendem homossexuais e toleram a agressão a mulheres.

Jesus dedicou sua vida à igualdade, à justiça e à paz entre os povos. Se reaparecesse em 2014, no Brasil, ficaria espantado com o que dizem e fazem muitos dos cristãos. Seria achincalhado com palavras inomináveis nas seções de comentários da internet. Seria chamado de bolivariano na avenida Paulista. Certa comentarista de telejornal o mandaria levar para casa a mulher adúltera que ele salvou do apedrejamento. E alguém, de dentro de algum carro no Leblon, gritaria: "Vai pra Cuba, Jesus!".

Uma coisa é certa. O Jesus de que a Bíblia nos conta, se vivesse hoje, estaria ao lado dos direitos sociais e humanos. Estaria com os sem-teto e com os sem-terra, com os negros, as mulheres violentadas e os homossexuais vítimas de preconceito. Estaria com os imigrantes haitianos e defendendo – como o papa Francisco – o fim do vergonhoso embargo a Cuba.

Talvez fosse preso e torturado, do mesmo modo que milhares de brasileiros que não há muito lutavam por igualdade e justiça. Seria, sem dúvida, crucificado, dessa vez não pelas autoridades romanas e pelos sacerdotes judeus, mas moralmente por muitos dos cristãos que, em seu nome, insistem em combater tudo aquilo que ele defendeu.

[25.12.2014]

Diálogo com comentadores de internet

Há quem diga que os comentários de internet representam a consciência média da sociedade. Que Bolsonaro é a expressão de um sentimento generalizado e que o brasileiro é preconceituoso mesmo.

Felizmente, não, ou ainda não. O senso comum tem muitos traços conservadores, mas não é fascista. Os comentadores de internet majoritariamente representam o atraso, não a média. São herdeiros virtuais dos para-choques de caminhão, embora com menos senso de humor.

*

(O comentador Mark82 entra em cena, indignado.)

Mark82: Petralha!!! Assalariado do governo!! Cadê o dinheiro da Petrobras??? A casa de vocês está caindo e ainda vem com esse discurso mofado do século 19!!! Aqui não cola... Quer nos calar, como na Venezuela e na Coreia do Norte???

(O articulista acha que é possível estabelecer um debate.)

Articulista: Não tenho essa pretensão. Mas você não acha meio estranho se esconder atrás do anonimato? O anonimato encoraja a estupidez e a inconsequência. Não precisa responder por nada do que fala. É parecido com o moleque travesso que toca a campainha da casa e sai correndo. Aliás, Adorno já disse que a indústria cultural reduz as pessoas à consciência de crianças de doze anos. As seções de comentários conseguiram regredir uns aninhos mais.

(Mark82 encontrou o que queria.)

Mark82: Ahhh!! Adorno era comunista e você também é. Quer sovietizar o Brasil! Vai para Cuba!!! Esquerdopata incoerente... É comunista, quero ver você dividir suas roupas, leva pobre para morar na sua casa então, hein?! Quem gosta de miséria é intelectual!!

(O articulista começa a se dar conta de que o debate é impossível.)

Articulista: Você está errado. Quem gosta de miséria é neoliberal. Foi o modelo econômico que se especializou em produzir miséria no mundo todo. Criou legiões de famintos e desempregados na América Latina durante os anos 1990 e está fazendo igual agora em países europeus. Tudo bem, entendo que você seja preconceituoso, mas uma curiosidade: não o incomoda em nada que 2 milhões de crianças morrem de fome por ano no mundo, cinco por minuto?

(Os neurônios de Mark82 estabelecem sua conexão padrão: pobreza = não trabalho = vagabundo = bandido.)

Mark82: Quer almoço grátis??? Meu pai me ensinou a trabalhar para poder comer. É isso que dá ficar vivendo de Bolsa Miséria, quando acaba, fica com fome e depois ainda quer sair de vítima!! Criança não pode trabalhar para comer, mas pode roubar e matar e não acontece nada, não é?! Essa lógica esquerdista não tem sentido nenhum! Vai trabalhar!!!

(O articulista se impacienta.)

Articulista: Bom, não vale a pena tentar lhe esclarecer que nem sempre há oportunidade de trabalho para todos. Muito menos sobre os impactos do trabalho infantil e os fracassos das experiências penais para crianças e jovens. O ódio e o preconceito tornam inútil qualquer argumento. Agora, novamente uma curiosidade: você e seus amigos passam o dia nas seções de comentários e vivem mandando os outros trabalharem... Aqui entre nós, no caso de vocês, sobra tempo para isso?

(Mark82 fica vermelho e incha. Busca afastar com impropérios o pensamento desestabilizador de que ele – o caçador de vagabundos – passa horas por dia vagabundeando nas seções de comentários.)

Mark82: Olha, seu imbecil, meu avô era pobre e trabalhou a vida inteira para bancar a família. Hoje ele é empresário, mas suou pra isso!! É que no tempo dele parasitas como você eram tratados na bala, entendeu?! Por isso que bom mesmo era na ditadura. Falam que torturou e matou? Quer saber, eu acho até que matou pouco!!! Tinha que ter exterminado essa raça de vocês pra não ficar falando absurdos. Você devia é estar na cadeia!!!

O articulista desiste. Conclui seguramente que ler comentadores de internet rebaixa qualquer debate e leva à impressão de que a consciência social seja ainda pior do que já é. Não recomendável para menores nem para maiores.

[15.01.2015]

A cara de pau de Eduardo Cunha

Ouvir Eduardo Cunha falando de valores republicanos soaria irônico, não fosse trágico. O presidente da Câmara defendeu, em um artigo[1], temas como a independência dos poderes, reformas política e tributária e a realização do debate democrático. Quem não o conhece que o compre.

A trajetória de Cunha é recheada de eventos bem pouco apropriados a um guardião da República. E nos ajuda a entender que tipo de interesse está por trás de seu discurso de mudanças legislativas.

Em 1989, Cunha foi o responsável financeiro do comitê de campanha de Collor no Rio de Janeiro. Como retribuição, ganhou o cargo de presidente da Telerj. Após a saída de Collor, foi exonerado por conta de um esquema de superfaturamento em contrato da companhia com a empresa NEC, que recebeu aditivo de US$ 92 milhões. Ainda por sua atuação na Telerj foi um dos 44 indiciados na investigação do esquema de PC Farias.

Em 2000 reaparece nas páginas policiais após ter de deixar a presidência da Companhia Estadual de Habitação do Rio de Janeiro por conta de denúncias de corrupção. Dessa vez foi acusado de realizar contratos sem licitação e favorecimento de empresas fantasmas. Instado a explicar a incompatibilidade entre seus gastos e a renda declarada no período, alegou um suposto empréstimo do banco Boreal.

---

[1] Eduardo Cunha, "Não abriremos mão da independência", *Folha de S.Paulo*, Tendências/Debates, 15 fev. 2015. Disponível em: <http://www1.folha.uol.com.br/opiniao/2015/02/1589853-eduardo-cunha-nao-abriremos-mao-da-independencia.shtml>.

Talvez uma coincidência da vida, mas o banco Boreal pertence ao mesmo grupo que controla a operadora portuária Libra, beneficiada anos depois pelas manobras estridentes de Cunha no debate da MP dos Portos.

Em 2005 foi aberta a CPI dos Correios, que desencadeou o escândalo do Mensalão. E lá estava Cunha. Foi associado ao doleiro Lucio Funaro, cujo esquema com corretoras esteve ligado ao rombo de R$ 309 milhões do fundo de pensão carioca Prece. Foi descoberto que o doleiro, que se tornou delator do Mensalão, pagava o aluguel de um luxuoso flat para Cunha em Brasília.

A parceria mostrou-se sólida. Em 2007, quando Cunha emplacou a indicação do ex-prefeito do Rio Luiz Paulo Conde como presidente de Furnas, a empresa pública foi levada a fazer um negócio escandaloso, denunciado quatro anos mais tarde.

Pouco depois da posse de Conde, Furnas abriu mão de adquirir um lote de ações por R$ 6,9 milhões. Oito meses mais tarde, adquiriu o mesmo lote, de outra empresa, por R$ 80 milhões. R$ 73 milhões de ágio. Quem foi a empresa felizarda? A companhia Serra da Carioca II, do Grupo Gallway, dirigido por... Lucio Funaro, operador de Cunha.

Todas essas denúncias são públicas, assim como as acusações de seu envolvimento numa negociata imobiliária com o traficante colombiano Juan Carlos Abadia e sua relação com políticos acusados de dirigir milícias no Rio de Janeiro. No entanto, nada disso o impediu de tornar-se o chefe do Poder Legislativo do país e de querer ainda aplicar sermões republicanos.

Responde a processos criminais no STF e no Tribunal de Justiça do Rio por improbidade administrativa, compra de votos e crime tributário, dentre outros. Homem de bons amigos, até agora saiu sempre ileso. Foi citado nos vazamentos da Lava Jato. Resta saber se estará na denúncia do Ministério Público ou se passará assobiando novamente.

Mas Cunha não é uma anomalia: é expressão da captura das funções públicas pelos interesses privados. O financiamento empresarial de campanha sempre permitiu aos grupos econômicos construírem suas bancadas.

A bancada ruralista, a da bala, das empreiteiras, dos empresários da educação ou dos planos de saúde são notórias e têm cada qual seu time de parlamentares.

O diferencial de Cunha – que espanta pela ousadia – é ter-se constituído numa espécie de gerente de várias bancadas de interesse. Mantém relação e obtém financiamento de empresas de vários setores, atuando como um curinga dos negócios privados no Legislativo. Daí suas sólidas amizades.

Daí também ter um poder de arrecadação eleitoral que o permitiu terceirizar o financiamento para outros deputados. Arrecada das empresas e financia campanhas de colegas. Constituiu assim uma bancada própria, com a fidelidade que o dinheiro assegura nesses casos.

Diante disso não é preciso muito para compreender que a reforma política proposta por ele não tocará no ponto essencial da corrupção, que é o modelo de financiamento das campanhas. Ao contrário, buscará enxertar por uma PEC o financiamento empresarial na Constituição, anulando os efeitos da ADI 4650, que já tem maioria no Supremo. Gilmar Mendes mata no peito e Cunha faz o gol. Pena que é contra.

Já sua "reforma tributária" nem passará perto da distorção regressiva de nosso modelo, no qual os ricos pagam proporcionalmente menos impostos que os pobres no país. Muito provavelmente, dada suas relações, tentará desonerar ainda mais o capital. Na verdade, trata-se, nos dois casos, de contrarreformas.

A condução de Eduardo Cunha à presidência da Câmara mata qualquer ilusão de que este Congresso realizará as reformas almejadas pela maioria do povo brasileiro. Ou virão da mobilização das ruas ou simplesmente não ocorrerão.

[19.02.2015]

O pensamento coxinha

O orgulho coxinha entrou na moda. Muitos andam por aí, nas ruas e nas redes, autoproclamando-se "coxinhas" sem nenhum pudor. Virou identidade positiva. O coxinha se considera trabalhador, estudioso, um cidadão de bem que cumpre seus deveres. É contra a corrupção e privilégios que ferem a meritocracia.

Mas, já nos ensinou Freud, sempre é bom desconfiar do juízo que as pessoas fazem sobre si próprias. Os coxinhas que têm infestado o debate político atual não são exatamente modelos de retidão e coerência.

São adeptos do "dois pesos, duas medidas". Sua visão tacanha do mundo, que dificilmente resiste à crítica, com frequência descamba para o ódio e a intolerância. Substituem os argumentos por xingamentos.

O coxinha se indigna com os R$ 25 bilhões que o Estado paga anualmente ao Bolsa Família, mas acha normal os R$ 978 bilhões pagos por este mesmo Estado ao Bolsa Banqueiro[1].

Ele sai às ruas de branco pedindo redução da maioridade penal quando um cidadão de classe média é assassinado, mas mantém seu silêncio sorridente ao saber que, a cada dia, dois jovens pobres são mortos pela polícia de São Paulo.

Acha que a corrupção no Brasil começou com o PT e faz vistas grossas ao Trensalão, ao escândalo do HSBC ou ao aeroporto do titio.

O coxinha, ao saber que as riquezas do 1% mais rico ultrapassarão a dos 99% restantes no mundo em 2016[2], atribui isso ao trabalho e esforço desse 1%, mesmo estando sem dúvida alguma entre os 99%.

---

[1] Ver, neste volume, o artigo "Robin Hood às avessas".
[2] Ver, neste volume, o artigo "99 contra 1".

É contra privilégios, desde que não sejam os dele. Queixa-se de que o aeroporto virou rodoviária e de que a classe média já não pode ter empregada doméstica.

O coxinha se mobiliza contra a corrupção, mas não lhe passa pela cabeça defender o fim do financiamento privado das campanhas eleitorais, fundamento de onze entre dez escândalos de corrupção no Brasil.

Para ele, o mundo se divide entre esforçados e vagabundos. Por isso é contra as cotas e os programas sociais. Se os negros ganham 42% em média a menos que os brancos, deve ser porque trabalham menos. Se ainda há pobres, é porque se escoram no Bolsa Família e não querem aprender a pescar.

O pensamento coxinha é primário. Não passa por elaboração crítica e não resiste a cinco minutos de questionamento. Numa típica formação reativa, transforma a insuficiência em insulto. Mostra que entre a inconsistência e a agressão há apenas um passo.

Alguns dizem que a onda coxinha revela o nascimento de uma nova direita no Brasil. Direita, sim, nova, nem tanto. São apenas os velhos ranços, preconceitos e indignações seletivas da porção mais conservadora da classe média que encontraram ocasião para sair de algum canto do armário.

Recomenda-se que guarde os fascismos para si. Quando se é racista, misógino e antipopular abertamente, tendo ainda auditórios para aplaudir, é mau sinal. O orgulho coxinha simboliza o emburrecimento do debate público no Brasil.

[02.04.2015]

Onde o capitalismo deu certo?

Normalmente a pergunta é outra. Aqueles que criticam o capitalismo e defendem uma forma social mais igualitária já se acostumaram a escutar a provocação: onde o socialismo deu certo? Respondemos sempre na defensiva, elencando avanços sociais em países que passaram por revoluções socialistas e reconhecendo as contradições e os limites dessas experiências. Os que perguntam nos emparedam, como se falassem do alto da montanha do sucesso. Mas façamos um exercício e invertamos a questão: onde o capitalismo deu certo? Se apressam em responder: nos Estados Unidos, a mais rica e imponente das nações do planeta. Vejamos então.

Tomemos Nova York, o coração do império. O índice de desigualdade social na maior cidade norte-americana é gritante. O coeficiente Gini (índice internacional de mensuração da desigualdade de renda) é pior que o do Brasil. O Gini de Nova York é 0,499; o Gini médio do Brasil é 0,498 e o de Mumbai, na Índia, é 0,339. Quanto maior o número – que varia entre 0 e 1 – pior a desigualdade social.

Consideremos ainda outros dados: 21% da população de Nova York está em situação de pobreza; o número cresce para 25% quando consideradas somente as crianças novaiorquinas. E um terço da população compromete mais de 50% de sua renda com aluguel. Ao mesmo tempo, a cidade tem cerca de 400 mil milionários.

A opulência oculta a miséria. O capitalismo lá deu certo? Se perguntarmos para os milhões de pobres e para os sem-teto de Nova York, podemos desconfiar de que a resposta não seja propriamente de entusiasmo.

Mas não sejamos tão apressados quanto os detratores do socialismo. Tomemos outros casos. Vamos ao velho mundo, à Europa, onde nasceu o sistema capitalista, exemplo de progresso social secular e consistente, não é?

Bem, a velha Europa tem hoje um surto de desemprego e de crescimento acelerado da pobreza. São 26,5 milhões de desempregados no continente, o que corresponde a 11% da população economicamente ativa. Entre os jovens, o índice é ainda mais alarmante: Itália, Grécia e Espanha têm mais de 50% dos jovens até 25 anos desempregados. Isso naturalmente tem consequências sobre as condições de vida. Segundo a Eurostat, agência europeia de estatísticas, um quarto da população da União Europeia corre o risco de ficar abaixo da linha de pobreza. São 122,6 milhões de pessoas nessa situação. Dezessete por cento dos europeus vivem hoje em moradias superlotadas, e o número de moradores de rua aumentou. Apenas na França, são 133 mil sem-tetos nas ruas.

Parece, então, que também a Europa não é um *"case"* para atestar o sucesso do capitalismo mundial em assegurar vida digna às pessoas.

Façamos ainda uma última tentativa. Atravessemos oceanos e cheguemos ao Japão, símbolo do capitalismo oriental. Por trás do mito japonês há uma verdadeira máquina de moer carne humana. O Japão é o país com a segunda maior jornada de trabalho do mundo, com média de 9 horas diárias. Lá vale mais que em qualquer outro local a máxima capitalista de que as pessoas devem viver para trabalhar e não trabalhar para viver.

Emblemática nesse sentido foi a declaração do ministro de Finanças japonês, em 2013, de que os idosos devem se apressar em morrer para deixar de dar despesas de saúde pública ao Estado. Não é à toa que o Japão desponta entre os países com maior índice de suicídios. Segundo relatório da Organização Mundial da Saúde (OMS) divulgado no fim do ano passado, são cerca de 29 mil suicídios por ano, 79 a cada dia.

Curiosamente, no templo do capitalismo oriental, os comunistas tornaram-se a força política que mais cresce. Nas eleições municipais de abril de 2015, o Partido Comunista Japonês foi o segundo mais votado do país. Pelo visto, os japoneses não andam muito contentes com sua situação.

Estados Unidos, Europa e Japão – símbolos do "sucesso" capitalista – parecem deixar um tanto a desejar. Seria conveniente, portanto, que os anticomunistas de plantão olhassem com mais atenção para seus *"cases"* antes de disparar o questionamento padrão sobre o êxito do socialismo.

Posfácio
Guilherme Boulos, primeiras impressões

Talvez por desaviso, só tomei conhecimento de Guilherme Boulos em período recente. Há cerca de um ano, a figura do jovem líder do MTST começou aparecer, por assim dizer, em todos os lugares. Pouco antes do certame em que o Brasil cairia de maneira surpreendente diante da Alemanha, o impacto de algumas expressivas mobilizações de rua e a ocupação de um vasto terreno perto do estádio onde se daria a abertura da Copa do Mundo deram visibilidade à figura do novo dirigente dos sem-teto.

As primeiras entrevistas que li dele chamaram minha atenção pelo grau de articulação das respostas. A capacidade de juntar a luta por moradia com a cúpula dos Brics, como se pode ler em um dos textos desta coletânea, dava a dimensão daquele representante de setores marginalizados da sociedade. Comecei a seguir com avidez as declarações que a imprensa reproduzia, e todas tinham o mesmo padrão de inteligência. Havia uma novidade em cena.

Em poucas semanas, a figura de Boulos começou a se tornar objeto de conversa entre os círculos interessados na política nacional. Quem é? De onde veio? Qual é sua formação? Fiquei sabendo que era filho de um renomado médico paulistano. Para quem conhece o ambiente da cidade, a informação dizia muito a respeito de sua origem social nos estratos mais altos. Por coincidência, na juventude eu havia sido tratado por aquele profissional, de quem guardei grata lembrança e cujo filho era agora objeto de curiosidade.

Para completar o quadro de referências, fiquei a par de que Guilherme cursara filosofia na Universidade de São Paulo (USP) e se especializara em psicanálise. De acordo com a Boitempo, hoje ele faz pós-graduação em psiquiatria. Ainda não pude perguntar-lhe como arranjou tempo para tudo isso, com apenas 32 anos, e ainda por cima ser um dos mais destacados porta-vozes dos movimentos sociais brasileiros. Do mesmo modo, não foi possível indagar como atravessou a rara ponte entre a trajetória típica da classe média tradicional e a militância com os deserdados.

No fim de 2014, tive a oportunidade de conhecer Guilherme. Estávamos juntos em um debate promovido pelo Conselho de Centros Acadêmicos da USP. Sábado de sol, a Cidade Universitária cheia de ciclistas e corredores, os estudantes queriam debater a conjuntura. Pude, então, constatar ao vivo a consistência, o uso cuidadoso da palavra e a clareza que se encontra também neste volume. Porém, o que mais me impactou foi a capacidade que a estrela daquela manhã demonstrou de ouvir os outros. Talvez tenha a ver com seu interesse pela psicanálise.

Sem abrir mão de qualquer posição fundamental, o debatedor mostrava-se aberto ao diálogo. Havia uma agradável transparência na maneira como escutava os diferentes argumentos que transitavam pela sala. Retrucava, divergia, mas sem desqualificar o oponente. Não se julgava dono da verdade, embora tivesse pontos de vista nítidos. A luta tinha gerado um quadro ao mesmo tempo combativo e democrático. Alvíssaras.

Não é preciso, portanto, concordar com todos os pontos de vista de Guilherme Boulos para reconhecer o papel que ele desempenha no momento em que o confronto de classes se torna mais agudo. Basta assinalar o modo pelo qual soube mobilizar, muito além do interesse corporativo dos sem-teto, contingente significativo contra a terceirização das atividades fins em abril passado. Os artigos aqui reunidos testemunham a capacidade do autor de olhar para o conjunto do quadro atual.

Depois do evento universitário, tive oportunidade de conversar algumas vezes com Guilherme. Sempre empenhado em encontrar saídas progressistas para a crise do segundo governo Dilma Rousseff, pareceu-me portador de paciência histórica suficiente para suportar as longas esperas pelo momento de unidade e, simultaneamente, daquela criatividade que a esquerda brasileira demonstrou nos anos 1980, ao criar um guarda-chuva amplo para abrigar universo plural e diversificado, como é o das camadas populares no capitalismo tardio.

Este livro confirma as primeiras impressões deixadas por Guilherme Boulos. Deve ser lido e guardado, pois ainda ouviremos falar muito do autor, para observar a trajetória dessa promessa oferecida pelo tempo presente.

André Singer
Outono 2015

Publicado em maio de 2015, um ano após a morte de dom Tomás Balduino, fundador da Comissão Pastoral da Terra e do Conselho Indigenista Missionário, homem que dedicou sua vida à luta pela defesa dos povos da terra, este livro foi composto em Adobe Garamond, corpo 11/14,4, e reimpresso em papel Avena 80 g/m² pela gráfica Rettec, para a Boitempo, em dezembro de 2020, com tiragem de 1.000 exemplares.